출판은 사람과 나무 사이에서 이루어지는 가치 있는 일입니다.
도서출판 사람과나무사이는 의미 있고 울림 있는 책으로 독자의 삶을
좀 더 풍요롭게 만들기 위해 최선을 다하겠습니다.

알고 보면 무시무시한

엽기인물 세계사

알고 보면 무시무시한

엽기인물 세계사

1판 1쇄 발행 2021년 11월 22일
1판 2쇄 발행 2021년 12월 11일

지은이 호리에 히로키
옮긴이 서수지
그린이 이강훈
펴낸이 이재두
펴낸곳 사람과나무사이
등록번호 2014년 9월 23일(제2014-000177호)
주소 경기도 고양시 일산서구 강선로 142, 1701동 302호
전화 010-7770-9346 팩스 (031)601-6181
이메일 saram_namu@naver.com
디자인 박대성

ISBN 979-11-88635-54-2 03900

알고 보면 무시무시한

엽기 인물 세계사

호리에 히로키 지음 | 서수지 옮김 | 이강훈 그림

사람과
나무사이

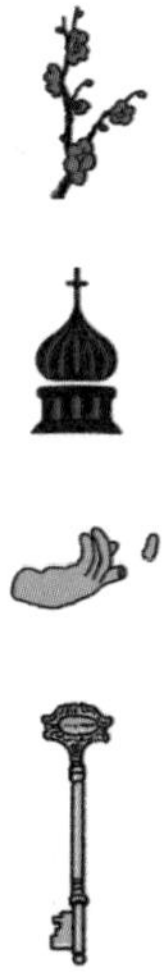

서문

30여 명 역사적 인물들의
은밀하고도 위험천만한 욕망이
예기치 못한 방향으로 세계사를 바꾸다

인간의 마음만큼 난해한 것도 없다. 심해처럼 바닥을 알 수 없고, 그래서 공포스럽다.

'영웅'이나 '위인'이라 불리는 인물들이 세계사를 움직여왔다. 그들은 평범한 이들과 전혀 다른 마음을 가지고 있을까? 아니, 그들도 우리와 다를 바 없는 한 인간이며 야심과 욕망, 교활함과 집착 따위 복합적 감정에 얽매여 있는 비루한 존재일 뿐이다. 그런 구체적인 인간의 감정, 즉 '마음'이야말로 세계 역사를 움직이고 추동해온 진정한 힘이 아닐까.

이 책에서 우리는 널리 알려진 인물들의 가면을 벗기고 그 가면 속에 감춰진 '진짜 얼굴'을 들여다볼 것이다. 나이팅게일은 그런 대표 사례로 꼽을 만하다. 그는 크림전쟁의 '천사'였다. 충격적이게도 '백의의 천사'보다 '죽음의 천사'에 가까웠다는 사실이 문제지만. 나이팅게일은 왜 '죽음의 천사'라는 오명을 뒤집어썼을까? 그가 목숨을 구한 환자보다 사망으로 이끈 환자 수가 훨씬 많았기 때문이다. 당시 죽은 환자 중에는 제때 적절한 치료만 받았다면 생명을 구했을 사람도 적지 않았다. 실제로 나이팅게일이 간호 책임자로 근무한 이스탄불 근교 스쿠타리 병원에서는 환자 2만 5,000명 중 사망자가 1만 8,000명에 달할 정도였다. 병원으로 이송된 환자 다섯 명 중 세 명 이상이 시신이 되어 문밖으로 나온 셈이다.

나이팅게일은 왜 간호사가 되었을까? 그가 활동했던 19세기 중·후반의 상황을 고려하면 이해가 가지 않는 일이다. 나이팅게일은 상당한 재력을 가진 부유한 집안에서 태어난 상류층이었던데 반해 당시 병원은 하층계급 사람들을 위한 시설이었으며, 간호사는 누구나 기피하는 비천한 직업으로 인식되었기 때문이다. 심지어 매춘부가 부업으로 간호사를 겸업할 정도였으니 더 말해 무엇하랴. 그런데도 나이팅게일은 왜 간호사가 되려 했을까? '나는 특별한 사람이다'라는 자부심과 '위대한 인물'이 되어 사람들에게 존경받고 싶은 욕망 때문이 아니었나 싶다. 그러나 마치 어설픈 초보 댄서가 몸과 마음이 따로 놀 듯 이상과 현실에 괴리가 생긴 결과가 그에게 '죽음의 천사'라는 오명을 씌운 주요 원인이었던 건 아닐까. 전기작가 휴 스몰이 "플로렌스 나이팅게일은 인류 역사상 가장 유명한 환자 중 한 명이다"라고 야박하게 평가한 것도 그런 맥락에서였을 것이다.

'이중성'이라는 잣대를 들이대자면 간디는 나이팅게일보다 심하다. 간디는 비폭력주의를 일관되게 관철하며 100년 가까이 영국의 식민지였던 인도가 마침내 독립국의 지위를 회복하는 데 이바지했다. 인도의 위대한 시인 타고르가 존경의 뜻을 담아 그에게 '위대한 영웅'이라는 의미의 '마하트마'라는 호칭을 붙여준 것도 그런 맥락에서였다. 그러나 관점을 달리해서 들여다보면 간디는 철저히 이중적인 삶을 살았다고 해도 틀리지 않다. 우선, 제국주의 영국에 맞서 싸우며 억압받는 인도인의 자유와 평등을 일관되게 추구한 그가 다른 한편으로 인도의 전통적 신분제도를 철저히 옹호했을 뿐 아니라 명백한 인종차별 의식까지 드러낸 사례가 그렇다. 그런데 그게 다가 아니다. 진짜 심각한 것은 '성 문제'였다. 만년에 그는 아내 이외의 여러 여성과 알몸으로 동침했는데, 충격적이게도 어린 소녀, 지지자, 심지어 조카의 아내까지 포함돼 있었다. 간디의 삶이 이중적이라고 말할 수밖에 없는 이유도 '욕망'과 '이상'의 갈등과 충돌에서 욕망이 승리한 결과가 아닐까 생각한다.

이 책에는 30여 명 역사적 인물들의 은밀하고도 위험천만한 욕망이 예기치 못한 방향으로 세계사를 바꾼 흥미진진한 이야기로 빼곡하다. 자, 함께 책 속으로 들어가보자.

차례

2

위대한 군주도 피해가지 못한 위험하고 치명적인 성욕

4

인간에게 가장 잔혹했던 인간들 이야기

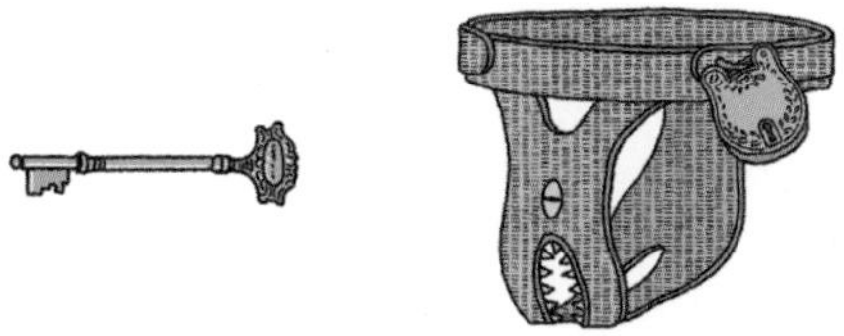

1

우리가 미처 몰랐던 '두 얼굴의 위인' 이야기

EPISODE

01

나이팅게일은 과연 '백의의 천사'였을까

플로렌스 나이팅게일의 '플로렌스'는 어디에서 유래했을까?

'흰옷을 입은 천사', 타인을 위해 자기희생을 마다하지 않는 간호사의 상징 플로렌스 나이팅게일(Florence Nightingale, 1820~1910). 그는 1820년 한평생 돈 걱정 없이 살 수 있을 정도로 유복한 영국인 가정에서 태어났다. 그의 이름 '플로렌스(Florence)'는 어디에서 유래했을까? 플로렌스는 이탈리아 도시 피렌체의 영어 이름이다.

나이팅게일의 부모는 이탈리아에서 3년간 신혼여행을 즐기던 중 피렌체에서 태어난 나이팅게일에게는 '플로렌스', 그보다 1년 먼저 파르테노페(현재 나폴리)에서 태어난 딸에게는 '프랜시스 파세너피(Frances Parthenope)'라는, 태어난 도시명을 딴 이름을 지어주었다. 고국을 떠나 다른 나라에서, 신혼여행으로 몇 년이나 지냈다는 사실로 알 수 있듯 나이팅게일 가문은 빈부 격차가 뚜렷하던 당시 영국에서 상당한 재력을 보유한 집안이었다.

부유한 집안의 귀한 딸 나이팅게일은 그야말로 금지옥엽으로 사랑받으며 자랐고, 결혼 적령기가 되면 아버지 못지않게 부유한 자산가와 결혼해 자유는 없지만 풍요롭고 안락한 생활을 보장받을 수 있었다.

나이팅게일이 간호사가 되겠다고 선언하자 충격받고 기절한 어머니와 언니

나이팅게일은 남달랐다. 그의 머릿속은 온통 '나는 특별한 사람'이라는 자부심으로 가득했다. 실제로 그는 기도하던 중 그리스도의 후광을 보고 '나를 따르라'라는 부르심을 받는 신비로운 체험을 했다고 고백하기도 했다. 이는 그의 나이 열일곱 살 때의 일이다.

나이팅게일은 그리스도에게 헌신하는 방법 중 무엇이 최선일까 진지하게 고민하고 모색했다. 당시 그는 지식인이던 아버지에게 직접 교육을 받았다. 모든 교육 과정이 끝나가던 스무 살 무렵 어느 날의 일이었다.

"전 과학자가 될 거예요."

전형적인 이과 성향의 학생이던 나이팅게일은 마치 선언하듯 이렇게 말해 부모를 충격에 빠뜨렸다. 그도 그럴 것이 당시만 해도 과학자들이 오늘날처럼 존경받는 분위기가 아니었던 데다 여성의 경우 사회적 인식이 더 안 좋았기 때문이다.

그러다가 스물네 살 나이팅게일이 "간호사가 되겠어요", "병원에서 일하고 싶어요"라는 결심을 밝히자 집안이 발칵 뒤집혔다. 당시 상황이 얼마나 심각했던지 그의 어머니와 언니가 충격받고 기절하는 일까지 벌어졌다.

독자 중에는 '간호사가 되는 일이 뭐 그리 충격적인 일이라는 거지?'라는 의구심이 드는 이도 있겠다. 그러나 그렇지 않았다. 당시 병원은 그야말로 하층계급을 위한 시설이었다. 상류계급은 얼마든지 필요할 때 의사를 자기 집으로 불러 시종처럼 부릴 수 있었기 때문이다. 1829년 런던에서 최초로 경찰이 조직되었는데, 경찰의 주요 업무가 병원 환자 간 우발적·계획적 범죄와 살인을 막는 일이었다고 하니, 병원 분위기가 어땠는지 짐작이 간다. 그런 사회에서 간호사는 존경받기는커녕 누구나 기피하는 비천한 직업으로 인식되었다. 심지어 매춘부가 부업으로 간호사를 겸업할 정도였다.

그러나 나이팅게일은 부모의 반대를 무릅쓰고 간호사가 되어

'크림반도의 천사'라는 아름다운 별명을 얻으며 전 세계인에게 존경받는 인물이 되었다.

크림전쟁의 천사 나이팅게일은 과연 '백의의 천사'였나?

"자고 일어나니 유명해졌다"라는 말 그대로 플로렌스 나이팅게일은 크림전쟁 덕분에 하루아침에 유명 인사가 되었다. 크림전쟁은 오스만투르크제국과 러시아제국이 광대한 토지 영유권을 두고 벌인 전쟁이다. 1853년 3월 28일에 발발한 이 전쟁은 1856년 3월 30일까지 3년 동안 이어지며 치열한 공방전을 벌였다.

플로렌스 나이팅게일은 전장의 병원에서 그 누구보다 눈부시게 활약했다. 그는 스물네 시간 연속 근무를 자청하며 모든 수술에 입회하겠다고 주장했다. 그런 모습을 본 한 육군 장성은 놀라서 이렇게 말했다.

> 플로렌스 나이팅게일은 (여자의 눈으로) 외과 수술을 지켜보는 게 즐거운 모양이다. 그는 팔짱을 낀 채 수술 장면을 지켜본다.

아름다운 외모와 가냘픈 몸매의 젊은 나이팅게일은 군인 사이에서 오늘날의 아이돌 스타 같은 빛나는 존재가 되었다. 전장에서운 좋게 살아남은 군인들의 그를 향한 지지는 절대적이었다. 전후 나이팅게일의 모습은 신문, 노래, 그림, 회상록, 시, 소설 등에 등장했고 언론은 앞다투어 그를 칭송하기 시작했다.

플로렌스 나이팅게일은 크림전쟁의 '천사'였다. 단, 어떤 의미에서는 '백의의 천사'보다 '죽음의 천사'에 가까웠지만……! 실제 상황을 자세히 들여다보면 충격적이게도 그가 목숨을 구한 환자 수보다 사망한 환자 수가 훨씬 더 많았다. 그리고 안타깝게도 당시 죽은 환자 중에는 제때 적절한 응급조치와 제대로 된 치료만 받았다면 충분히 생명을 구했을 사람도 적지 않았다. 알고 보면 크림전쟁에서 간호사로서 남긴 플로렌스 나이팅게일의 업무 실적은 그야말로 최악이었다.

놀랍게도 터키 이스탄불 근교 스쿠타리(현재 위스키다르)에서 나이팅게일이 간호 책임자로 근무한 병원에서는 환자 2만 5,000명 가운데 사망자가 무려 1만 8,000명에 달했다. 즉, 병원으로 이송된 환자 다섯 명 중 세 명 이상이 죽어서 병원 문을 나온 셈으로, 하루 최고 70명이 사망하는 무시무시한 죽음의 현장이었다.

크림전쟁 중 가장 많은 사망자가 나온 곳이 바로 플로렌스 나이팅게일이 간호 책임자로 일하던 병원이었다. 이와 관련해 그는 분노를 터뜨리며 다음과 같이 말했다.

"군 수뇌부의 잘못이에요! 병사들이 우리 병원에 이송되었을 때는 이미 손을 쓸 수 없는 상태였어요!"

"플로렌스 나이팅게일은 인류 역사상 가장 유명한 환자 중 한 명이다"

나이팅게일의 말이 사실과 부합할까? 아니다. 이렇게 단정적으로 말할 수 있는 것은 전쟁이 끝난 후 놀라운 사실이 밝혀졌기 때문이다. 나이팅게일은 자신의 정당성을 증명하기 위해 감염병학자이자 통계학자인 윌리엄 파(William Farr)에게 데이터 분석을 의뢰했다. 그런데 파는 플로렌스 나이팅게일이 '초보적 위생 관리에 소홀했기 때문에' 동상과 영양실조 등 비교적 가벼운 질환으로 입원한 병사, 죽지 않고 제 발로 걸어서 병원 문을 나설 수 있던 병사들의 목숨까지 앗아갔다는 깜짝 놀랄 만한 결론을 내렸다.

나이팅게일의 병원은 수용 가능한 인원수를 훨씬 웃도는 환자를 꾸역꾸역 받아들였다. 정신력으로 어떻게든 버텨보려 했으나 의사와 간호사 수가 절대적으로 부족했고 위생 상태도 열악하기 짝이 없었다. 환자들이 제대로 된 치료와 돌봄을 받지 못해 도리어 병이 심해지고 결국 목숨까지 빼앗긴 것이다.

상황이 이쯤 되자 정부에서 파견한 '위생위원회'가 감사에 나서면서 위생 상태가 어느 정도 개선되었으나 사망률이 떨어질 때까지 열악한 상황에서 고군분투해야 했다.

이렇듯 잔혹한 진실이 완벽주의자로 자처하며 "모든 일을 완벽하게 해내지 못하면 아예 시작하지 아니함만 못하다"라고 큰소리치던 나이팅게일에게 치명적 타격을 입혔다. 한데 놀랍게도 플로렌스 나이팅게일은 자신이 저지른 중대한 실수를 구체적으로 기록한 데이터를 주위의 만류와 반대를 뿌리치고 세상에 공개했다. 다음의 인용문은 이때 그가 남긴 말이다.

> 아무리 규모가 작은 병원이라도 이렇듯 무서운 생명 경시 상황을 불러일으킬 수 있다. 병원 건물의 구조적 결함과 부실이 되풀이되지 않도록 세상에 널리 알리고 싶다.

이런 면은 플로렌스 나이팅게일이 지닌 훌륭한 성품과 태도라고 말하지 않을 수 없다. 그 후 그는 아흔 살로 생을 마감할 때까지 런던에 간호사 양성소를 설립하고 간호 개선을 위해 부단히 노력했다. 또 그는 육군 위생 개혁, 인도의 공중위생보급 등에도 힘을 보탰다.

그럼에도 전기 작가 휴 스몰(Hugh Small)은 그를 다음과 같이 조금 야박하게 평가했다.

> 플로렌스 나이팅게일은 인류 역사상 가장 유명한 환자 중 한 명이다.

인간이란 본래 복합적이고 입체적인 존재지만 그중에서도 플로렌스 나이팅게일은 가장 복합적이고 입체적인 존재가 아닐까.

EPISODE

02

힌두교 성인이 되고자 애썼으나 성욕의 포로가 돼버린 간디

비폭력주의의 상징과도 같은 간디가
자기 가족에게는 폭력을 일삼았다고?

마하트마 간디(Mahātmā Gandhi, 본명 모한다스 카람찬드 간디Mohandas Karamchand Gandhi, 1869~1948)는 20세기를 대표하는 위인이다. '마하트마'는 그의 본명이 아니다. 인도의 위대한 시인 타고르(Rabīndranāth Tagore)가 존경의 뜻을 담아 지어준 이름으로, '위대한 영혼'이라는 의미의 산스크리트어다. 한데 간디는 단 한 번도 자신을 '마하트마'로 소개한 적이 없다고 한다.

간디는 어떻게 '위대한 영혼'이라는 특별한 호칭을 얻을 수 있었을까? 여기에는 그의 두 가지 업적이 배경이 되어주었다. 하나는 100년 가까이 영국의 식민지였던 인도가 마침내 독립국의 지위를 회복하는 데 그가 크게 이바지했다는 점이다. 다른 하나는 앞에서 언급한 업적이 '비폭력주의'를 일관되게 관철하며 이루어낸 성과라는 점이다.

간디는 아무도 이의를 제기할 수 없는 독보적인 업적으로 전 세계적 명성을 얻었으며 '위대한 영혼의 소유자'라는 별칭까지 얻었다. 한데, 마치 '양탄자' 같다고나 할까! 간디의 삶 속으로 한 발짝 더 들어가 보면 그의 내면과 외양, 그리고 사상과 행위 사이에 심각한 모순이 발견된다. 특히 비폭력주의의 상징과도 같은 그가 자기 가족에게 오히려 폭력적인 모습을 뚜렷이 드러내곤 했다는 대목이 우리를 더욱 놀라게 한다.

위대한 사상가나 정치가라기보다는 힌두교 성인이 되고자 애쓰다가 미묘한 차이로 실패한 인물, 간디

간디는 제국주의 영국에 맞서 싸우며 억압받는 인도인의 자유와 평등을 일관되게 추구했다. 또 그는 다른 한편으로 인도의 전통적 신분제도를 옹호하고 고집했다.

간디는 독실한 힌두교도였다. 다들 알다시피 힌두교에서 인간은 네 가지 카스트로 구분되며 이 제도는 완벽하게 세습되었다. 이 네 가지 카스트는 '브라만(사제)', '크샤트리아(왕족과 무사)', '바이샤(평민)', '수드라(노예)'다. 여기에 더해 '달리트'라는 불가촉천민이 있다. 간디 집안은 평민인 바이샤 계급에 속했다. 참고로, 수드라 이하의 사람이 인도 전체 인구의 85퍼센트에 달하는 절대다수를 차지한다.

인도에서 세습신분과 직업문화는 떼려야 뗄 수 없는 불가분의 관계다. 그러므로 카스트의 해체는 인도사회와 전통문화의 해체를 의미한다. 간디는 이러한 상황을 우려했다. 사람들이 일반적으로 가진 통념이나 편견과 달리 실제로 간디는 상당히 보수적인 사상가였다.

또 간디는 이중적인 모습도 드러냈다. 예컨대 그는 주변 사람들에게는 카스트에조차 포함되지 못하는 불가촉천민과의 결혼을 권장하면서 다른 한편으로 자기 아들이 신분이 낮은 이슬람교 여성과 결혼하려고 하자 완강히 반대하고 나섰다.

왜 간디는 이토록 모순된 모습을 보였을까? 이는 그가 힌두교라는 전통적 가치관을 지나치게 중시해서 생긴 일로 볼 수 있다. 우리는 간디를 위대한 정치가나 사상가로 생각하지만, 실제로 그는 힌두교 성인이 되고자 애쓰다가 미묘한 차이로 실패한 인물이 아닐까 하는 생각도 든다.

열세 살에 결혼한 간디가 훗날 '금욕'을 맹세한 까닭은?

실제로 간디는 성자가 되고자 절대금욕을 유지하려 했지만 번번이 실패했다. 그는 열세 살 나이에 동갑내기인 카스투르바와 중매로 결혼했다. 1882년의 일이다.

당시 인도의 제도로는 열세 살 나이에도 결혼할 수 있었다. 오늘날에는 남자는 스물한 살, 여자는 열여덟 살이 되어야 혼인이 가능한데, 이는 1973년 제정된 법률에 따른 것이다. 그러나 법과 현실 사이에 괴리가 있어서 법이 제정된 이후로도 여전히 여성이 조혼을 거부할 권리를 행사하지 못한다. 말하자면 시집가기 싫다고 울며불며 떼쓰고 버티는 어린 딸을 부모가 억지로 시집보내는 상황이 계속되고 있는 셈이다.

원래 전통적 힌두교 사회에서는 높은 카스트 출신일수록 어린 아내를 신부로 맞아들이는 경향이 있다. 이를 '유아혼'이라고 부르는데, 이 제도가 유아 성적 학대를 방조한다는 오명에서 벗어나기 어렵다.

다시 본론인 간디 이야기로 돌아가보자. 성욕이 가장 왕성한 시기를 아내와의 잠자리로 나름대로 욕구를 해소하며 지낸 간디는 열여덟 살 이른 나이에 아버지가 되었다(그는 이 일에 대해 문맹인 아내에게 글을 가르친다는 구실로 밤늦게까지 함께 있다가 어쩌다 보니 그렇게 되었다고 궁색하게 둘러댔다).

지지자와 친척의 아내,
심지어 조카의 아내와도 알몸으로 동침한 간디

아내와의 잠자리를 맘껏 즐기던 열여덟 살 간디는 어느 날 갓 태어난 아들과 아내 곁을 떠나 홀연히 영국으로 유학을 갔다. 당시 영국은 금욕주의가 대세였기에 그곳에서 그는 자신의 분방한 성생활과 영국인의 삶 사이에 위화감을 느꼈다.

젊은 시절 금욕으로 애태우던 간디는 성욕이 한풀 꺾인 서른일곱 살이 되었을 때 '성관계를 하지 않겠다'라고 공개적으로 선언했다. 물론 이는 아내와 한마디 상의도 없이 일방적으로 내린 결정이었다.

훗날 간디는 한 지지자에게 보낸 편지에서 다음과 같이 언급했다.

> 제 아내는 (성적) 욕망의 대상이었을 때는 열등한 존재였습니다. 그러나 그가 제 곁에서 알몸으로도 여동생처럼 잠잘 수 있게 되면서 더는 열등한 존재가 아니게 되었습니다.(베드 메타, 『마하트마 간디와 사도들(Mahatma Gandhi and His Apostles)』)

자기 입으로 이렇게 단언했으니 부부간 섹스를 더는 하지 않았을 것이다. 더구나 만년의 간디와 함께 잔 사람은 아내가 아니었다. 그럼 과연 누구였을까? 간디의 개인비서의 여동생으로 의사

로서 간디를 간호한 수실라 나야르였다. 한데 더욱 충격적인 사실은 간디가 그 외에도 어린 소녀, 지지자, 친척의 아내를 포함한 여러 여성에게 알몸 동침을 요구했다는 것이다.

간디는 혼자서는 추워서 잘 수 없다는 이유로 조카의 아내인 아바라는 여성의 옷까지 벗겨 한 이불에 들었다.

"몸을 데울 생각이시라면 아내 대신 제가 함께 자겠습니다."

졸지에 아내를 빼앗기게 된 조카가 황급히 말했다. 그러나 간디는 조카의 제안을 단호히 거절했다고 한다.

간디는 왜 주위 여성들에게 자신을 '어머니'라고 부르게 했을까?

오랫동안 간디와 알몸으로 같이 잔 소녀 마누는 "엄마랑 같이 자는 게 뭐가 문제야?"라고 오히려 반문했다. 간디는 주위 여성들에게 자신을 '어머니'라고 부르게 했다.

간디의 '절대금욕'의 목적은 무엇이었을까? 성욕을 절제하라는 힌두교 교리를 충실히 따르고자 했던 그는 자신의 남성성을 굴복시킴으로써 자신을 여성화, 양성구유화하고자 했다고 한다. 밤마다 시달리던 오한을 핑계 삼아 알몸 여성과 함께 자면서 그것을 성욕 제어 훈련 또는 제어하지 못한 욕구에 대한 속죄의 고통의식이라고 변명하는 바람에 논란을 일으키고 거센 항의를 받기도 했다.

아무튼, 이쯤 되면 우리는 '간디의 위대함을 과연 어디에서 찾아야 할까?'라는 난감한 생각마저 든다. 여러 면에서 그는 베일에 싸인 '수수께끼의 사나이'였다. 그리고 그는 종교적 성인과 세속적 정치가 사이를 아슬아슬하게 줄타기하는 입체적이고도 기묘한 존재이기도 했다. 그가 역사적 위인 반열에 오를 수 있었던 진짜 비결은 어쩌면 수많은 민중의 시선을 오롯이 자신에게 집중시킬 수 있었던 희귀한 재능에 있었던 게 아닐까.

EPISODE

03

밤에는 연인에게 애교를 부리고 낮에는 연인의 뺨을 때린 무서운 여자 엘리자베스 1세

원조 '해가 지지 않는 나라' 스페인을 뛰어넘어

잉글랜드를 최강대국으로 만든 걸출한 여제 엘리자베스 1세

오래도록 유럽 변방의 '북쪽 섬나라'에 지나지 않았던 잉글랜드는 엘리자베스 1세(Elizabeth I, 재위 1558~1603) 여왕 시대에 이르러 전 유럽을 호령하는 강대국으로 부상했다. 엘리자베스 1세가 한 나라의 군주로서 세운 공적은 실로 어마어마하다. 그는 뛰어난 재능을 타고났을 뿐 아니라 목적 달성을 위해서는 수단과 방법을 가리지 않는 수완가였다.

엘리자베스 1세가 통치하던 시대에 유럽은 물론이고 전 세계를

통틀어 최강대국으로 인정받으며 군림하던 나라는 스페인이었다. '해가 지지 않는 나라' 하면 우리는 조건 반사적으로 영국을 떠올리지만 사실 '원조 해가 지지 않는 나라'는 영국이 아닌 스페인일 정도로 1492년 콜럼버스의 아메리카대륙 (재)발견 이후 스페인은 전 세계에 영향력을 펼치며 한동안 감히 맞설 경쟁국이 없을 정도의 막강한 패권을 휘둘렀다.

엘리자베스 1세가 왕위에 올랐을 때만 해도 잉글랜드는 스페인에 감히 맞설 수 있는 나라가 아니었다. 그는 그런 보잘것없는 잉글랜드를 어떻게 강대국의 지위로 끌어올렸으며 스페인과 어깨를 나란히 하는, 아니 오래지 않아 그 나라를 뛰어넘는 막강한 나라로 만들 수 있었을까? 그는 아버지 헨리 8세(Henry VIII, 재위 1509~1547)를 비롯한 앞선 잉글랜드 군주들이 범죄자로 엄격히 단속하던 해적 일당을 아군으로 끌어들여 적극적으로 활용할 정도의 예리한 판단력과 과감한 결단력에 힘입어 스페인의 무적함대 아르마다를 격파하고 제해권을 장악했다.

엘리자베스 1세 당시만 해도 군주란 신에게 선택받은 특별한 존재였다. 다시 말해 그는 반대 진영의 목소리를 단번에 잠재울 수 있는 막강한 힘을 갖춘 절대 권력자였다.

그는 남성 군주가 일반적이던 당시, 이단시되는 여성 군주로서 자신이 무엇을 할 수 있을지 신중하게 생각한 뒤 차근차근 그러나 집요하게 목표를 실현해 나간 걸출한 여장부였다.

지독한 구두쇠인 엘리자베스 1세의 옷장에 6,000벌이 넘는 호화로운 드레스가 빼곡히 채워져 있었다고?

엘리자베스 1세는 스물다섯 살 나이에 왕위에 올라 평생 동안 '처녀 군주'로 통치했다. 그가 성적으로 순결한 상태는 아니었겠으나 죽는 날까지 결혼을 하지 않은 것은 분명한 사실이다.

많은 우여곡절과 시련 끝에 마침내 왕위에 오른 엘리자베스 1세에게 국내외 왕족과 귀족에게서 혼담이 쏟아져 들어왔다. 큰 키에 가무잡잡한 피부를 지녔으나(당시에는 고귀한 신분의 여성이라면 백옥처럼 흰 피부가 기본이었다) 매력적인 눈동자를 가진 엘리자베스 1세는 나름대로 미인으로 알려져 있었다. 그러나 어쩌면 당연하게도 엘리자베스 1세와 결혼하고 싶어 하는 귀족 남성들은 거의 예외 없이 그의 막대한 재산에 더해 '여왕의 남편'이라는 지위를 이용해 국가를 통째로 주무를 수 있다는 흑심을 품고 접근했다.

그러나 영리한 엘리자베스 1세가 늑대 같은 남자들의 검은 속내를 눈치채지 못할 리 없었다. 그런 터라 그는 혼담이 들어오는 족족 매몰차게 퇴짜를 놓았다. 말하자면 엘리자베스 1세는 자신이 자기 못지않게 야심만만한 남자에게 마음을 주기 쉽고 금세 사랑에 빠지고 마는 유형의 여성이라는 사실을 잘 알고 있었던 것으로 보인다. 그랬기에 자기 마음을 적절히 제어한 것으로 볼 수 있으며, 결혼하지 않고 평생을 '처녀 군주'로 살기로 결정했다고 이해하는 게 합리적이지 않을까 싶다. 말하자면 그는 뜻밖에도 감성이 풍부한 여성이었으나 그 이상으로 날카로운 이성과 냉철한 판단력의 소유자였다고 보아도 좋을 것 같다.

훗날 엘리자베스 1세는 많은 연인을 두었다. 그러나 이는 모두 즉흥적 감정에 이끌린 선택이 아닌, 치밀한 계산 끝에 맺은 냉철한 관계였다. 또 그는 지나치게 신중한 성격 탓에 차츰 욕구불만이 쌓였고, 그렇게 풀지 못하고 누적되기만 한 에너지를 다소 도발적인 취미생활로 발산하기도 했다고 알려져 있다. 자주 이야기되는 일화로, 그는 상반신을 덮은 부분이 좌우로 벌어져 있어 가슴과 배가 슬쩍슬쩍 드러나는 옷을 입고 공식 석상에 나타나 사람들을 놀라게 한 적이 있다. 여왕의 속살을 보고 눈이 휘둥그레져 도무지 표정 관리가 안 되는 프랑스 대사를 보면서 그는 몇 시간 동안이나 태연자약 알현을 계속했다. 엘리자베스 1세는 갈 곳 몰라 헤매는 프랑스 대사의 동공을 바라보며 짜릿한 쾌감을 느끼지 않았을까. 이런 모습은 뭇 남성의 집요한 시선에 수줍게 얼굴을 붉히는 여성보다는 도발적 취향을 가진 남성의 모습에 좀 더 가까워 보인다. 여기에 더해 당시 프랑스와 잉글랜드가 백년전쟁을 치를 정도로 오랜 앙숙이었던 데다 그의 아버지 헨리 8세 재위 시 캐서린 왕비와의 이혼 문제로 로마 교황청과 척을 지게 되면서 당시 대표적 가톨릭 국가였던 프랑스와 더욱더 험악한 관계였던 점을 고려하면 엘리자베스 1세가 고도의 외교적 수완을 발휘한 게 아닌가 하는 생각도 든다.

엘리자베스 1세는 드레스 취향도 유별났다. 그의 하루는 시녀들이 코르셋 끈을 아슬아슬한 수준까지 조이는 것으로 시작해 입는 데만 몇 시간이 걸리는 호화로운 드레스를 걸치는 일로 상당 부분 채워졌다. 당시 귀족 여성들은 몇 번 입은 드레스를 시녀들에게 하사하곤 했는데, 구두쇠였던 엘리자베스 1세는 단 한 벌도 내주지 않았다. 그리하여 엘리자베스 1세의 옷장에는 총 6,000벌이 넘는 호화로운 드레스가 빼곡히 채워져 있었다.

밤에는 여느 여자들처럼 연인에게 애교를 부리고
낮에는 거침없이 연인의 따귀를 때리는 '무서운' 여자

한편 엘리자베스 1세는 남성적 매력을 물씬 풍기는 잘생긴 남자를 특히 좋아해서 총애하는 연인에게 통 크게 인심을 쓰기도 했다. 그리고 그 대가로 열렬한 사랑을 요구했다.

엘리자베스 1세의 남성 취향은 '강하고 나쁜 남성'에 가까웠다. 그는 낮에는 강한 모습을 보여주고 밤에는 여린 모습을 보여주는 반전 매력의 소유자였다. 연인과 단둘이 있을 때는 응석을 부리기도 하고 달콤한 말도 속삭였지만 공식적인 자리에서 그 남자가 애인 행세를 할라치면 격노해서 거침없이 그의 따귀를 때리고 망신을 주었다.

그런 터라 총신이자 연인이던 에식스 백작(Robert Devereux, 2nd Earl of Essex)의 경우 엘리자베스 1세에게 손찌검 당하는 장면이 여러 번 사람들에게 목격되기도 했다. 또 엘리자베스 1세는 전쟁터에서 무모하게 지휘한 점이 빌미가 되어 정적에게 반역자로 몰린 에식스 백작을 끝내 구해주지 않았다.

에식스 백작이 처형당해 비어 있던 여왕의 옆자리는 월터 롤리 경(Sir Walter Raleigh)이 채웠다. 롤리 경은 과감히 아메리카대륙으로 건너간 탐험가이기도 했는데, 이런 부류의 남자가 흔히 그렇듯 그는 세상이 자신을 중심으로 돌아간다고 믿으며 제 잘난 맛에 사는 전형적인 '나쁜 남자' 유형에 속했다.

롤리 경은 엘리자베스 1세의 총애만으로는 성에 차지 않았는지 여왕이 아끼는 시녀를 건드려 아이가 생기자 서둘러 결혼하는 스캔들을 일으켰다. 당연히 여왕은 크게 분노해 시녀는 면직하고 롤리 경은 투옥시켜버렸다(그러나 그는 롤리 경에 대한 미련이 남았는지 나중에 관계를 회복했다).

이처럼 쉬지 않고 연애를 즐긴 '처녀 왕' 엘리자베스 1세였지만 정작 연인과 분위기가 무르익어 침대에 뛰어오르려는 순간 히스테리와 경련 증상을 일으켰다고 알려져 있다.

엘리자베스 1세에게 혼담을 넣었다가 퇴짜 맞은 남자들은 어떤 의미에서 불행한 삶의 나락으로 다행히 빠져들지 않은 것일 수도 있다. 그는 한 남자의 아내로서나 연인으로서나 무서운 여자였기 때문이다. 어쩌면 엘리자베스 1세는 여왕 자신이 말한 대로 '국가와 결혼'하는 게 가장 바람직하고 이상적이었던 게 아닐까.

EPISODE

04

여러 남자를 유혹했으나 자기 자신과 재물, '여왕'이라는 직위만을 사랑했던 여인 클레오파트라

무서울 정도로 계산이 빠른 여인 클레오파트라

역사의 페이지에 등장하는 인물 중 클레오파트라(Cleopatra VII Philopator, 재위 51~30 BC)만큼 극과 극으로 평가가 갈리는 사람도 없지 않을까. 누군가는 그를 미모와 지성을 겸비한 세기의 연인이라 높이 평가하고, 또 누군가는 남자를 성적으로 유혹해 판단력을 흐리게 만들고 결국 몰락으로 이끈 팜파탈의 전형적 인물이라고 거세게 비난한다.

그의 정식 호칭은 클레오파트라 7세. 부왕을 여의고 열여덟 살 때부터 20여 년 동안 프톨레마이오스 왕조의 이집트 왕국 여왕으

KLΣOPATRA
ÆGYPTUS

로 군림했다.

클레오파트라는 '세계 3대 미녀'를 논할 때 거의 빠지지 않고 등장한다. 과연 그는 그런 평가에 합당한 미인이었을까? 여기에는 논란의 여지가 많은 것이 사실이다. 클레오파트라 사후 100년이 넘은 뒤 그리스 출신 로마 역사가 플루타르코스(Ploútarchos)가 그를 평가한 다음의 문장만 놓고 봐도 그렇다.

> (클레오파트라는) 보는 사람이 눈을 뗄 수 없을 정도로 대단한 미녀는 아니었으나 그와 비견될 사람이 없을 만큼 한번 본 사람은 거의 예외 없이 푹 빠져들었다.

클레오파트라의 실제 외모가 어땠는지 우리는 정확히 알 길이 없고 각자의 상상에 맡길 수밖에 없다. 아쉽게도 그를 사실적으로 묘사한 미술작품과 기록이 어디에서도 발견되지 않았기 때문이다. 클레오파트라는 이집트 여왕이기는 했으나 핏줄로만 보면 이집트인보다는 오히려 그리스인에 가까웠다. 그 이유는 위대한 정복자 알렉산드로스 대왕의 최측근 부하였던 프톨레마이오스 장군의 자손인 그리스계였기 때문이다. 그런 그의 몸속에는 페르시아인 등 여러 민족의 피가 섞여 있었는데, 그 탓에 역사학자들은 그가 상당히 이국적인 외모의 소유자였을 것으로 추정한다.

낭랑한 목소리에 세련된 몸가짐, 유창한 외국어 실력과 더불어 거액의 지참금까지, 여기에 더해 온몸을 금은보석으로 치장한 호화로운 여인이라는 요소가 더해진 클레오파트라는 누가 봐도 상당히 매력적인 여성이었다.

한편으로 클레오파트라는 무서울 정도로 계산이 빠른 매우 영리하고도 탐욕스러운 여인이었다. 다양한 일화를 통해 전해지는 그의 모습은 애교 넘치는 관능적이고 정열적인 여성이었으나 그런 모습은 뭔가 확실히 얻을 것이 있다고 여긴 특별한 남자에게만 허락되었기에 대가를 얻기 위해 연기한 것에 지나지 않았다. 그가 진정으로 사랑하고 신뢰한 대상은 부와 권력 그리고 이집트 여왕이라는 자신의 고귀한 신분이었다.

클레오파트라가 낳은 아이 카이사리온은 과연 카이사르의 친아들이었을까?

클레오파트라가 맨 처음 결혼한 상대는 놀랍게도 친남동생 프톨레마이오스 13세(Ptolemaios XIII, 재위 51~47 BC)였다. 현대인의 상식으로는 이해할 수 없는 상황이지만 당시에는 자연스러운 일이었다. 왜 그럴까? 고대 이집트 왕가에서는 형식적으로나마 이성인 형제자매를 배우자로 삼지 않으면 왕이나 여왕이 될 수 없다는 법도가 있었기 때문이다. 이른바 순수 혈통을 지키려는 나름대로의 고민에서 나온 법도이자 관습이었다.

머리 회전이 빠른 클레오파트라가 남동생을 배우자로 선택한 것은 공동 통치자라는 명분으로 자신이 권력을 잡을 수 있다고 판단했기 때문이다. 그러나 프톨레마이오스 13세는 그런 영악한 누나 클레오파트라에게 적개심을 품고 그를 유폐시켜버렸다. 이는 두 사람이 결혼한 뒤 몇 년 만의 일이었다.

클레오파트라가 권력을 잃고 반쯤 체념하고 있을 때 재기를 꿈꿀 기회가 찾아왔다. 이집트 왕국을 침공한 로마제국의 실권자 가이우스 율리우스 카이사르(Gaius Julius Caesar)를 유혹하는 데 성공하면서였다. 그는 자기 몸을 양탄자로 둘둘 말아 등장하는 깜짝 연출로 중년의 호색한인 카이사르의 관심을 끄는 데 성공했던 것이다. 기원전 48년 10월의 일이다.

카이사르는 몇십 년 동안 정실 아내와의 사이에 딸 하나를 얻은 후 수많은 여인과 성적 관계를 가졌으나 그중 어떤 여인도 그의 품에 아들을 안겨주지 못했다. 그런데 클레오파트라와 관계를 맺은 지 얼마 지나지 않아 떡두꺼비 같은 아들을 얻을 수 있었다. 그것도 의학이 발달한 오늘날조차 아이를 얻기에 녹록하지 않은 나이인 쉰세 살에 말이다.

사실 역사가들은 당시 클레오파트라가 임신한 아이가 카이사르의 친자식이라는 데에 회의적인 시각을 갖고 있다. 그러나 어쨌든 카이사르 자신은 그 아이를 자기 친자식으로 철석같이 믿었고 아이에게 '카이사리온'이라는 이름을 지어주었다.

카이사르는 클레오파트라에게 반기를 든 클레오파트라의 남동생과 여동생을 처리해주었다. 이렇듯 클레오파트라는 이집트의 단독 통치자인 여왕이 되고 싶은 욕망 앞에서는 피를 나눈 형제자매조차 눈 하나 깜짝하지 않고 제거하는 비정한 여인이었다.

카이사르가 갑자기 암살당하면서 카이사리온을 이집트에 남겨둘 수 있었던 것은 클레오파트라에게 어떤 의미에서는 행운이었다. 클레오파트라는 아들 카이사리온을 공동 통치자로 내세워 누구도 넘볼 수 없는 막강한 권력, 여왕으로서의 지위를 확고히 다졌다.

로마 장군 안토니우스를 유혹하고 '덜떨어진 남자'로 만들어 이집트를 지배하고 로마에 맞서다

클레오파트라가 또다시 눈독 들인 사내는 로마의 장군이자 카이사르의 심복 부하이던 안토니우스(Marcus Antonius)였다.

카이사르가 암살된 후 로마의 실권은 세 명의 권력자가 나누어 가졌다. 이른바 '제2차 삼두정치'의 시작이었는데, 그중 한 사람이 안토니우스였다. 로마를 넘어 이집트와 아시아 통치 임무를 맡은 안토니우스는 당시 스물여덟 살 클레오파트라에게 푹 빠져 그의 치마폭에서 헤어나지 못했다.

안토니우스는 클레오파트라와의 사이에 세 명의 자녀를 두었다. 그는 로마의 또 다른 권력자 옥타비아누스(Octavianus, 이후 Caesar Augustus, 재위 27 BC~14)의 누이 옥타비아를 아내로 두었으나 아이를 무척 좋아한 그는 아내가 아닌 다른 관계에서 낳은 아이도 얼마든지 괜찮다는 가치관을 가진 인물이었다.

아무튼 클레오파트라에게 푹 빠진 안토니우스는 그의 요구라면 무엇이든 들어주었다. 그는 로마의 장군이라기보다는 그저 '클레오파트라의 남자'로서 마치 그가 부리는 꼭두각시처럼 움직였다. 훗날 그는 아내 옥타비아와 이혼한 후 클레오파트라와 결혼한 것으로 보인다. 물론 안토니우스와 클레오파트라가 실제로 결혼식을 올렸는가는 기록으로 남아 있지 않아 정확히 알 수는 없다.

이집트에 눌러앉은 채 로마로 돌아갈 생각이 없던 안토니우스를 옥타비아누스는 가만두지 않았다. 그는 안토니우스를 '로마를 배신한 파렴치한 인물'로 규정하고 선전포고했으며 대규모 군대를 파병했다. 그러나 사실 옥타비아누스의 선전포고에 따르면 로마의 적은 안토니우스가 아니라 클레오파트라였다.

클레오파트라와 안토니우스는 이집트 왕국의 주변 나라와 전쟁을 이어가며 이곳저곳을 떠돌았다. 한데 그 무렵 안토니우스의 처신은 실망스럽다 못해 한심하기 그지없었다. 전장에서 로마제국과의 본격적 군사 충돌을 눈앞에 두고도 그는 '왕처럼 사치스럽고 여자처럼 자기밖에 모르는 자'로 전락해 패기라고는 눈을 씻고 살펴도 찾을 수 없는 지경이 돼 있었다.

연인도 군대도 버리고 재물만을 좇아 도망친 클레오파트라와 부하를 버리고 자신을 배신한 여왕을 따라 도망친 안토니우스

로마제국과 이집트 왕국의 운명을 결정지은 유명한 전쟁 '악티움 해전'의 막이 올랐다. 기원전 31년 9월의 일이다. 안토니우스와 클레오파트라 연합군의 배 230척에 옥타비아누스 군의 배 400척이라는 상황은 일단 이집트에 불리했다. 전쟁 초반에 총사령관 안토니우스는 자신이 통솔하는 배들이 적재적소에 진을 치고 끈기 있게 기다리게 하는 전법을 구사했다. 이 전법은 나름대로 효과적이어서 쉽사리 승부가 나지 않았다. 그 바람에 아침에 시작된 전투가 한나절이 지나도 승부가 나지 않고 그날 오후 3시 무렵까지 양측이 팽팽히 대치하고 있었다.

바로 그 순간, 클레오파트라와 막대한 재물을 실은 배가 남쪽을 향해 맹렬한 속도로 도주하기 시작했다. 그대로 이집트를 향해 도망치는 게 확실해 보였다.

전문가들 사이에 당시 클레오파트라가 도주를 선택한 이유를 두고 여러 설이 분분했다. 그중에서도 오랫동안 로마 권력자들에게 교태를 부려 원하는 것을 얻어내 왔던 클레오파트라가 이제 믿을 구석은 자신이 가진 재산밖에 없다는 사실을 깨닫고 좀처럼 승리를 쟁취하지 못하는 안토니우스를 버리자는 결론에 도달했다는 설이 유력하다.

클레오파트라는 건곤일척의 전투를 벌이던 중 갑자기 도주함으로써 안토니우스를 배신한다는 의도를 명확히 보여주었다. 상황을 냉철히 판단컨대 안토니우스에게 더는 승산이 없다고 여겼을 것이다. 그렇다면 이제 새로운 강자로 떠오르고 있는 옥타비아누스 편에 서겠다는 생각을 품었을까? 이런 클레오파트라의 생각과 처신은 과연 현명했을까? 아니, 그렇게 보기는 어려울 것 같다. 클레오파트라는 자신에게 충성을 맹세한 장졸과 연인의 생명보다 자신의 재산과 지위를 더 우선시하듯 이기적이라고밖에 볼 수 없는 행동을 했다.

클레오파트라가 도망친 뒤 안토니우스는 어떻게 처신했을까? 충격적이게도 그는 자신이 지휘하던 군대를 버려둔 채 클레오파트라의 꽁무니를 쫓아갔다. 말하자면 총사령관 두 명 모두 부하들을 전장에 남겨둔 채 사라져버리는 믿을 수 없는 사태가 벌어진 것이었다. 안토니우스 스스로 패배를 인정한 셈이다. 옥타비아누스 군의 배 몇 척이 두 사람을 추격했고, 전장에 버려진 병사들은 이후 몇 시간 동안의 격전 끝에 대부분 전사했다. 클레오파트라와 안토니우스 연합군의 전사자는 5,000여 명에 달했다.

클레오파트라가 유일하게 '정복하지 못한' 남자는?

패배한 안토니우스는 구차함을 무릅쓰고 클레오파트라를 살려달라고 옥타비아누스에게 탄원했으나 받아들여지지 않았다. 클레오파트라는 안토니우스보다 훨씬 냉철했다. 그는 옥타비아누스가 자신이 유혹하는 데 성공했던 카이사르나 안토니우스처럼 여색을 즐기지 않는다는 사실을 알고 있었다. 클레오파트라는 자신이 어떤 노력으로도 옥타비아누스를 유혹할 수 없다는 사실을 깨닫고는 포기하지 않고 그의 측근 공략에 나섰다. 클레오파트라는 옥타비아누스의 측근 중 공략할 만한 대상을 눈에 불을 켜고 찾았다.

다른 한편 클레오파트라는 이집트 왕국의 많은 중신에게 죄를 뒤집어 씌워 잔인하게 처형하거나 재산을 몰수하는 등의 만행을 저질렀다. 곧 닥쳐올 로마제국의 이집트 공격에 대비하기 위해서라는 명분을 내세우기는 했으나 잔혹한 처사임이 분명한 행위였다.

옥타비아누스의 군대가 이집트에 모습을 드러내자 안토니우스의 군대도 다시 한번 그에 맞서 나름대로 선전을 펼쳤으나 중과부적이었다. 이에 클레오파트라는 자신을 위해 지어둔 영묘 안으로 몸을 숨겼다.

클레오파트라가 영묘 안으로 들어갔다는 소식을 전해 들은 안토니우스는 로마군이 욕보이기 전에 그가 자결했다고 잘못 판단했다. 그랬기에 그는 자신의 심장을 칼로 찔러 자살을 시도했다. 그러나 그의 칼은 심장을 빗나가 배를 찔러 빈사(瀕死) 상태가 되었고, 그 상태로 클레오파트라에게 발견되어 죽음을 맞이하는 비참하고도 한심한 최후를 맞았다. 안토니우스는 그대로 클레오파트라의 가슴에 안긴 채 영원히 눈을 감았다.

안토니우스가 죽은 뒤 클레오파트라는 코브라가 자기 가슴을 물게 해 스스로 목숨을 끊었다는 이야기가 전해 내려온다. 그러나 사료에는 클레오파트라가 안토니우스를 정중히 장사지내고는 얼마간 시간을 들여 자신이 이집트 여왕 자리를 지킬 수 있을지 백방으로 알아본 뒤 전혀 가능성이 없음을 깨닫고 독을 이용해 숨을 거두었다고 기록돼 있다.

당시 클레오파트라의 죽음을 목격한 시녀는 그가 평온하게 눈을 감았다고 증언했다. 이 사실로 미루어볼 때 경련성이 아닌 최면성 독을 사용했을 것으로 추정된다.

클레오파트라가 카이사르와 사이에 낳은 것으로 알려진 그의 아들 카이사리온은 이후 어떻게 되었을까? 누구의 도움도 받지 못한 채 옥타비아누스의 명령을 받은 병사의 칼에 무참히 살해되었다.

앞에서도 언급했지만, 서른아홉 해 영욕의 삶을 살다간 여인 클레오파트라가 진정으로 사랑한 대상은 오로지 여왕 신분인 '자기 자신뿐'이었다. 이는 어디까지나 나의 개인적인 추측이지만, 어느 시점부터 클레오파트라는 남자들을 적절히 이용하고 교묘히 갈아타며 로마를 정복하기 위한 계략을 꾸민 게 아니었을까. 그 계획을 이루기 전에 '여인의 향기와 유혹'에 상대적으로 강한, 아니 약간의 여성 혐오적 면모까지 지닌 옥타비아누스에 의해 궁극적으로 좌절을 맛보게 된 게 아닐까 하는 생각도 든다.

EPISODE

05

방사성 물질 라듐을 자식처럼 아끼고 사랑한 천재 여성 과학자 마리 퀴리

방사성 원소 라듐을 자식처럼 아끼고 사랑한 여인, 마리 퀴리

마리아 살로메아 스크워도프스카(Maria Salomea Skłodowska, 1867~1934). 우리에게는 결혼 후 이름인 마리 퀴리(Marie Curie)로 친숙한 폴란드 출신 프랑스 물리학자이며 화학자다.

마리 퀴리와 남편 피에르 퀴리(Pierre Curie)는 찬란하게 빛나는 물질을 보면서 드디어 꿈을 이뤘다며 뛸 듯이 기뻐했다. 두 사람이 실험실에서 방사성 원소인 라듐을 정제했을 때의 일이다.

정제에 성공했을 때 아름다운 물질이면 좋겠어요.

퀴리 부부가 라듐을 연구하며 이런 이야기를 나누었다는 기록이 있다. 정제에 성공한 뒤 두 사람은 라듐을 자기 자식처럼 아끼고 사랑했다. 라듐은 퀴리 부부에게 단순한 연구 성과를 넘어 사랑의 결정체였다. 그러나 그 빛은 무서운 독을 내뿜고 있었는데…….

> 우리는 고농도 라듐을 포함한 추출물이 자연 발광한다는 사실을 깨닫고 무척 기뻤다. 남편은 그 빛이 아름다운 색을 띠기를 바랐으나 뜻하지 않은 특징(발광성)을 발견해 몹시 흡족해했다.

두 사람은 라듐이 내뿜는 빛을 홀린 듯 한참 동안 바라보았다. 라듐은 퀴리 부부에게 1903년 노벨 물리학상을 안겨줌으로써 마리 퀴리는 여성 최초 노벨상 수상자가 되었다. 이후 계속된 라듐 연구로 마리 퀴리는 1911년에 두 번째 노벨상인 노벨 화학상을 거머쥐었다.

마리 퀴리는 왜 라듐의 유해성과 위험성을 끝까지 인정하지 않았을까

당시에도 '라듐이 위험할 수 있다'라는 가능성을 퀴리 부부는 어느 정도 인식하고 있었던 것으로 보인다. 그러나 마리는 라듐이 인체에 해로운 물질일 리 없다고 믿고 건강 피해와 라듐의 인과관계를 한사코 인정하려 하지 않았다고 한다.

두 사람은 맨손으로 라듐을 다루었다.

> 손가락 끝이 딱딱하게 굳었고 때로 극심한 통증에 시달렸다.
> 손끝의 염증은 열흘이 지나도 낫지 않았고 피부가 벗겨지며 살갗이 부슬부슬 떨어져 나갔다. 그래도 두 달이 지나자 통증이 사라졌다.(수전 퀸, 『마리 퀴리의 삶(Maria Curie: A Life)』)

퀴리 부부가 남긴 보고서에는 이렇게 '무시무시한' 언급이 등장한다.

훗날 피에르 퀴리는 라듐 접촉으로 인해 몸과 마음이 시름시름 병들어갔다. 그는 (노벨상을 수상한 과학자이면서도) 수상한 심령주의 집회에 참석해 '구원'을 염원할 정도로 상태가 좋지 않다는 것을 스스로 느끼고 있었다. 그는 끝내 회복하지 못한 채 갑작스러운 교통사고로 세상을 떴다.

그러나 '철의 여인' 마리는 달랐다. 다행스럽게도 그는 오랫동안 라듐과 접촉했음에도 건강에 별다른 이상이 나타나지 않았다. 그는 나이가 들어 백내장으로 실명하고 백혈병으로 사망했다. 백내장과 백혈병이 오랜 세월 방사선 피폭의 영향이라고 생각되지만 정작 자신은 고집스럽게 그 인과관계를 부정했다.

Marie Curie's Choice

20세기 초, 인체에 치명적인 방사성 물질 라듐이 만병통치약처럼 여겨졌다는데?

실제로 마리 퀴리는 타고난 근성과 연구를 향한 열정으로 버틴 게 아닐까 하는 생각도 든다. 어쨌든 주위에서는 마리가 멀쩡하게 생활하는 모습을 보고 라듐의 위험성을 대수롭지 않게 생각했다.

나아가 '라듐은 몸에 좋은 물질'이라는 오해마저 생겨났다. 퀴리 부부가 라듐을 발견한 20세기 초 '방사능 열풍'이 휘몰아쳤고 유럽 사교계에서는 라듐을 몸에 지니고 다니는 것이 유행처럼 퍼져나갔다.

당시 런던에서는 라듐 입자(당연히 맹독성 물질)가 반짝반짝 빛을 내뿜는 모습을 확대경으로 들여다보는 스핀새리스코프(spinthariscope)라는 제품까지 시판되어 선풍적인 인기를 끌었다.

스핀새리스코프를 크리스마스에 선물하려는 사람들이 상점에 몰려들어 구매 경쟁을 벌이기도 했다. 무지가 얼마나 무서운지 적나라하게 보여주는 사건이라고 할까!

수전 퀸이 쓴 『마리 퀴리의 삶』에는 1929년 유럽에서 성분에 방사성 물질을 함유하고 있음을 강조한 특허의약품이 무려 80개 품목에 달한다는 내용이 실려 있다.

'몸에 좋은 방사성 효과'라며 홍보하는 입욕제, 좌약, 치약에 더해 초콜릿과 사탕까지 출시될 정도였다.

그리고 그게 다가 아니었다. '퀴리 선생이 영원한 젊음을 약속한다'라는 노화방지 크림, 방사능으로 탈모와 새치를 치료한다는 '퀴리 헤어토닉' 등 의약품까지 버젓이 팔려나갔다.

급기야 라듐을 녹인 주사액이 등장해 제1차 세계대전 때 부상병에게 '라듐용액 정맥주사'를 처방한 기록도 있다. 마리 퀴리는 라듐을 활용한 온갖 상품과 서비스를 자랑스럽게 여겼다.

책을 읽을 수 없을 정도로 머리가 무겁고 지치면 수학 문제를 풀어 뇌를 활성화해 집중력을 되찾는다.

남다른 열정과 지성을 겸비한 마리 퀴리는 방사선에도 병들지 않는 강철 같은 육체를 가졌고 '저렇게 아름다운 물질에 독이 있을 리 없다. 라듐은 안전하다'라고 맹목적으로 믿었다. 라듐은 마리라는 과학자의 업적을 상징하는 원소였던 것이다.

그런 마리 퀴리는 백혈병으로 세상을 떠났다. 1934년의 일이다. 그 자신은 반평생에 걸친 라듐 연구와 백혈병이 무관하다고 믿으며 조용히 눈을 감았다.

EPISODE

06

인생의 바닥에 내려가서야 비로소 자신이 원한 온전한 자연인의 삶을 살게 된 마리 앙투아네트

합스부르크 가문의 독특한 유전적 요소를 자신의 개성이자 장점으로 받아들인 앙투아네트

"지나치게 이상적인 미인으로 그려졌군요."

프랑스 국왕 루이 16세의 왕비 마리 앙투아네트(Marie Antoinette, 1755~1793)는 자신을 그린 초상화를 두고 이런 식으로 불만을 토로하곤 했다.

일반적인 선입견을 단번에 깨부수는 앙투아네트의 불만에 허를 찔린 것처럼 느끼는 독자가 적지 않을 것 같다. 그의 발언에서 타고난 미인 특유의 자신감이 아닌 '자신의 본래 모습을 봐달라'

는 내면의 외침을 느낄 수 있기 때문이다.

실제로 화가 엘리자베트 비제 르브룅(Élisabeth Vigée Le Brun)이 그린 앙투아네트의 얼굴에는 합스부르크 가문 사람들이 지닌 몇 가지 특징이 또렷이 나타나 있다. 엘리자베트 비제 르브룅은 "제 초상화는 그에게만 맡기겠어요"라고 할 정도로 앙투아네트가 전적으로 신뢰한 화가였다.

앙투아네트의 친정인 합스부르크 가문 일족에게는 남녀 모두 예외 없이 얼굴이 길쭉한 데다 주걱턱과 두툼한 입술이라는 유전적 특징이 있었다. 그 유전적 특징이 미모에 개성을 더하는 방식으로 드러날지 추한 요소로 드러날지는 그야말로 복불복이었지만 말이다. 다행히 그런 면에서 행운의 여신은 마리 앙투아네트의 편이었다. 아마도 그는 독특한 외모를 자신의 개성이자 장점으로 받아들였기에 그런 요소가 애초에 없었던 것처럼 수정해서 그리는 기법에 강한 불쾌감을 표시했던 게 아닌가 싶다.

루이 15세가 손주며느리를 들이는 과정에서 그토록 '가슴'에 집착한 이유는?

어느 날 루이 15세(Louis XV, 재위 1715~1774)는 오스트리아 주재 프랑스 대사를 궁정으로 불러 앙투아네트에 관해 물었다.

"미인인가?"

"피부는 흰가?"

"눈은 어땠나?"

루이 15세는 훗날 루이 16세(Louis XVI, 재위 1774~1792)로 프랑스 국왕 자리에 오르는 왕세자 루이 오귀스트(Louis-Auguste)의 아내이자 왕세자비를 고르는 일에 열을 올리고 있었다. 그런 터라 그는 오스트리아 궁정에서 앙투아네트를 직접 만나고 돌아온 대사를 불러 손주며느리 후보에 대해 꼬치꼬치 묻는 중이었다.

대사는 루이 15세 국왕의 질문에 마리 앙투아네트의 미모를 묘사하며 긍정적인 답변을 내놓았다.

"그러면, 가슴은 어땠나?"

왕의 질문에 하나하나 성심성의껏 대답하던 대사는 갑자기 꿀 먹은 벙어리가 되고 말았다.

"멍청하구나! 그게 가장 중요하단 말이다!"

말문이 막힌 대사를 향해 루이 15세가 고래고래 소리 지르며 호통을 쳤다는 일화가 오늘날까지 전해진다.

루이 15세는 손주며느리를 들이는 과정에서 왜 그토록 '가슴'에 집착했을까? 18세기 당시 프랑스를 비롯한 유럽 국가의 생활상과 문화를 자세히 살펴보면 그럴 만도 했다며 고개를 끄덕이게 되지 않을까 싶다. 당대에는 왕실이나 귀족 여성의 행복한 결혼 생활에 있어 집안이나 재력 외에도 가슴 같은 외적 요소가 큰 몫을 담당했다. 쉽게 말해 결혼을 앞둔 젊은 여성은 장차 남편이 될 남성의 지위에 걸맞은 아리따운 외모로 남편을 근사하게 장식해주는 일종의 '액세서리 역할'을 맡은 기호적 존재에 지나지 않았던 것이다. 게다가 풍만한 가슴은 당시 여성의 외모를 따질 때 매우 중요한 비중을 차지했다. 말하자면 풍만한 가슴은 루이 15세의 개인적 취향이라기보다는 '다산의 상징'으로서 신붓감을 고르는 중요한 기준으로 여겨졌던 것이다.

당시 상류계급 여성들은 공식 석상에서 가슴이 한껏 도드라지도록 강조하는 드레스를 즐겨 입었다. 프랑스로 시집간 앙투아네트도 자신의 풍만한 가슴을 자랑스럽게 여겨 자기 가슴을 본뜬 도자기 작품을 만들 정도였다. 그런데 정작 앙투아네트는 자신의 '여성스러움'에 발목 잡혀 이리저리 끌려다니는 불행한 인생을 살았다.

앙투아네트는 뛰어난 감각을 타고났으나 지적인 면에서는 약간 부족한 편이었다. 최고의 교사를 붙여 아무리 열심히 가르쳐도 프랑스어 문법은 엉망진창인 데다 프랑스에서 제법 오래 산 이후에도 프랑스어로 된 책 한 권을 끝까지 읽지 못할 정도로 언어 능력이 떨어졌다.

앙투아네트는 명민한 머리를 타고나지 못했으나 그에게는 그보다 더 치명적인 약점이 있었다. 그것은 바로 프랑스 왕비로서의 '여성'을 연기하는 능력 면에서 천성적으로 부족하다는 점이었다.

그는 그저 한 인간으로 살고자 했고, 그랬기에 프랑스 궁정은 여자에게는 개성 따위를 인정하지도 허락하지도 않는 감옥과 다를 바 없는 답답한 세계일 뿐이었다. 그 결과 지향점이 달랐던 왕비와 프랑스 왕가의 궁정은 무시무시한 불협화음을 연주하기에 이르렀다.

엄청난 부와 막강한 권력을 가진 번듯한 집안과 아름다운 외모를 칭송받는 대신 궁정에서는 아무런 의문도 제기하지 않은 채 그저 얌전히 시키는 대로 '왕비'를 연기하며 살라는 요구는 자의식이 강한 앙투아네트가 받아들이기 어려운 일이었다.

수많은 구경꾼 앞에서 치른 악몽 같은 '첫날밤'

1770년, 드디어 결혼식을 올리고 왕세자비가 된 마리 앙투아네트를 맞이한 것은 '왕족은 구경거리'라는 프랑스 왕가의 우스꽝스럽고 한심한 전통이었다. 끔찍하게도 첫날밤마저 앙투아네트가 처녀임을 확인하기 위해 침대 주위에 모인 귀족과 돈을 내고 구경하러 온 시민의 눈앞에서 치러야 했다.

굴욕적인 첫날밤은 결과마저 처참했다. 성관계 자체가 이루어지지 않았기 때문이다. 원인은 왕세자 루이 오귀스트에게 있었는데, 그는 '성 불능'이었다. 거기에 더해 '나는 할아버지 루이 15세처럼 색욕에 눈먼 인생을 살고 싶지 않다'라는 십 대 소년 특유의 결벽증까지 끼어들며 만들어진 최악의 결과였다.

결혼 후 7년 가까이 앙투아네트는 침대에서 남편에게 외면당했다. 그 사이 친정어머니 마리아 테레지아(Maria Theresia)는 '언제 손자를 안겨줄 거냐'는 편지를 수시로 보내 앙투아네트를 들볶았다. 그는 말 못할 고민과 엄청난 압박감에 시달렸다.

앙투아네트가 화려한 유흥을 즐겼다는 이야기는 어느 정도 사실이었던 것으로 보인다. 그러나 그 이면에는 남편과 잠자리를 갖지 못하는 데서 온 불안감과 더불어 이방인 왕비의 외로움과 쓸쓸함이 자리하고 있었다. 밤마다 온갖 파티와 사교 행사로 분주히 시간을 보낼 수밖에 없는 고통스러운 현실이 숨어 있었던 것이다. 도박과 사치로 돈을 물 쓰듯 쓰며 흥청망청 낭비한 이유도 그 때문이었을 것이다. 물론 그의 잘못된 행동을 정당화할 수는 없겠지만 어느 정도 이해가 되기도 한다.

보다 못한 앙투아네트의 친정어머니이자 오스트리아제국의 사실상 최고 권력자인 마리아 테레지아는 장남 요제프 2세(Josef II, 신성로마제국 황제, 재위 1765~1790)를 프랑스로 보냈다. 다행히 효과가 있었다. 요제프의 조언을 듣고 결혼한 지 7년이 지난 1777년에야 포경수술을 받은 루이 16세가 비로소 앙투아네트와 육체적으로 맺어질 수 있었다. 그리고 그 이듬해에 첫딸을 임신한 뒤 출산하는 기쁨까지 얻을 수 있었다.

나이 들며 점점 허물어지는 미모를 유지하기 위해
안간힘 쓰는 앙투아네트와
그를 이용해 돈을 벌려는 탐욕스러운 사람들

그러나 엄마가 된 기쁨을 누린 것은 잠시뿐, 이번에는 앙투아네트의 정체성의 근간이던 미모가 허물어지기 시작했다. 가장 심각한 손상은 호르몬 변화의 영향으로 급격히 빠지기 시작한 머리카락에서 나타났다. 당시 유럽 상류계급 여성은 거대한 가발을 썼는데, 기본적으로 '부분 가발'이었다. 쉽게 말해 머리숱이 모자라면 가발을 고정할 수 없는 구조였다.

속상해하는 왕비에게 한 줄기 구원의 빛이 나타났다. 그것은 바로 나중에 왕비의 전속 조향사가 되는 장 루이 파르종(Jean-Louis Fargeon)이 개발한 모발 영양제였다. 조향사는 왕비에게 향수를 제조해 바쳤을 뿐 아니라 맞춤 화장품까지 제공했다.

야심만만한 디자이너와 예술가, 그리고 궁정에서 한 자리 차지하고 싶어 하는 귀족이 앙투아네트의 꽁무니를 졸졸 따라다녔다. 마치 오스카 와일드의 『행복한 왕자(The Happy Prince)』처럼 앙투아네트를 차지하려는 이들이 그를 두고 아귀다툼을 벌였고, 그 사이에서 앙투아네트는 몸과 마음이 산산이 부서지는 아픔을 겪어야 했다.

마음이 여린 앙투아네트는 그런 상황에 넌더리가 났으나 '친구들'을 파리 쫓듯 손을 저어 쫓아낼 수도 없는 노릇이었다. 그렇다고 자신을 따르는 사람들을 곁에 두면 '측근을 편애한다'며 질투하는 목소리가 궁정에 메아리쳤다. 이후 그의 '추락'은 독자 여러분이 잘 아는 그대로다.

인생 최악의 순간을 맞이하고서야 비로소 온전한 자연인의 삶을 살게 된 앙투아네트

식량난에 허덕이던 여성을 중심으로 파리 시민들이 베르사유궁을 향해 시위행진을 벌였다. 1789년 10월의 상황이다. 당시 프랑스뿐 아니라 진 세계에 이상 기후가 발생해 여름에도 기온이 오르지 않아 농작물 작황이 최악의 상태로 추락했다. 그런데 시위대는 날씨를 엉망으로 만든 하늘을 탓하지 않고 엉뚱한 곳으로 화살을 돌렸다. 그곳이 어디일까? 놀랍게도 앙투아네트 왕비였다.

프랑스혁명 초기 루이 16세 국왕의 허술하고 무능한 대처가 재앙을 불러와 앙투아네트와 자식들, 그리고 루이 16세의 신병이 혁명정부에 의해 구속되는 신세가 되었다. 왕실 사람들은 죄수나 다름없는 대우를 받으며 탕플탑(Tour du Temple)에서 비참한 생활을 했다. 열악한 환경에서 부인병을 얻은 앙투아네트는 부정 출혈에 시달렸는데, 훗날 기요틴에서 처형되는 날까지 그 병으로 고생했다.

루이 16세 국왕이 먼저 처형되고, 1793년 10월 15일 앙투아네트에게도 처형 판결이 내려졌다. 그러나 그는 당당함을 잃지 않고 의연하고도 기품 있는 태도를 시종일관 유지했다.

역설적이게도 앙투아네트는 인생의 바닥까지 추락하고 나서야 비로소 프랑스의 왕비라는 상징적 존재가 아닌 온전히 마리 자신으로서의 인생을 살 수 있게 된 셈이었다.

'프랑스의 적'으로 규정된 앙투아네트에게 기요틴 처형 후 매장 명령이 내려지지 않아 썩어가며 방치되다

이튿날 아침, 경비병 3만 명의 감시를 받으며 손을 뒤로 묶인 채 마차에 태워진 앙투아네트의 모습을 화가 자크 루이 다비드(Jacques Louis David)가 스케치로 남겼다.

간략한 선으로 미화하지 않고 그린 그림에는 느슨해진 턱 선에 한때 자랑거리였던 풍만한 가슴도 처진, 부쩍 늙어버린 서른일곱 살 한 여성의 가혹한 현실이 담겼다.

앙투아네트의 풍성한 금발이 처형 판결을 받은 직후 하룻밤 사이에 하얗게 새버렸다는 이야기를 뒷받침해주는 동시대 사료는 찾을 수 없다. 그러나 단두대에 올라 처형당하기까지 몇 달을 지낸, 한낮에도 해가 들지 않아 어두컴컴한 감옥에서 나온 왕비의 초췌해진 외모를 보고 모두 깜짝 놀랐다는 것은 어느 정도 사실로 볼 수 있다.

부슬비가 내리는 몹시 궂은 어느 날 처형장으로 향하는 길에 앙투아네트는 모자를 썼는데, 형 집행이 다가오자 스스로 머리를 흔들어 모자를 떨어뜨렸다. 기요틴에 머리를 집어넣었을 때 처형에 방해가 되지 않도록 그의 머리카락은 무참히 깎여 있었다.

마침내 처형인 샤를 앙리 상송(Charles-Henri Sanson)의 지시에 따라 기요틴의 칼날이 목에 떨어졌고, 그는 허망할 정도로 빠르게 숨이 끊어졌다. 더욱 비참한 것은 '프랑스의 적' 앙투아네트에게는 처형된 뒤에도 좀처럼 매장 명령이 내려지지 않아, 그의 유해는 보름 동안이나 마들렌 묘지 풀숲에서 썩어가는 채로 방치돼 있었다.

죽어서조차 무자비한 대중의 시선에 적나라하게 노출당해야 하는 참으로 가련한 인생이었다.

EPISODE

07

신의 음성을 듣고 프랑스를 위기에서 구했으나 마녀로 몰려 세 번이나 화형당한 비운의 여인 잔 다르크

잔 다르크는 왜 결혼을 거부하고 남장을 해야 했을까

백년전쟁(1337~1453년) 당시 프랑스에서 '성(聖) 처녀'로 추앙받으며 놀라운 활약을 펼친 잔 다르크(Jeanne d'Arc, c. 1412~1431)의 죽음을 둘러싼 역사의 한 장면은 인간 본성의 '잔혹함'을 유감없이 보여주는 페이지다.

프랑스 민중에게 '성 처녀'로 추앙받던 잔 다르크는 자신이 처녀성, 즉 성적 순결을 지켜왔다는 사실에 강한 자부심을 느끼고 있었다. 그는 열세 살 무렵부터 '하느님의 말씀'을 듣는 신비로운 체험을 거듭했다. 잔 다르크는 대천사 미카엘을 비롯한 여러 천사나 그리스도교의 성인을 직접 만나 소통하는 특별한 체험을 했다고 주장했다.

잔 다르크는 또래 친구들과 한데 어울려 놀지 않고 부모가 권하는 혼처도 단호히 거절했다. 왜 그랬을까? 자신이 몸과 마음의 순결을 지키지 못하면 '주님의 목소리'를 들을 수 없게 된다고 믿었기 때문이다. 어느 날 '주님의 목소리'는 그에게 영국의 손아귀에 들어가기 직전의 절체절명의 위기에 빠진 조국 프랑스의 독립을 지키기 위해 분연히 떨쳐 일어나라고 명령했다.

우리가 잘 알다시피 잔 다르크는 백년전쟁에 참전하면서 남장을 했으며, 훗날 이 점이 중요한 빌미가 되어 화형대에 오르는 신세가 되었다. 그는 왜 남장을 해야 했을까? 아무튼 어느 날 갑자기 그는 머리를 짧게 깎고 남자 옷을 몸에 걸쳤다. 당시 그리스도교 율법에서는 여성이 정식으로 참전할 수 있는 전쟁은 십자군전쟁뿐이라고 규정돼 있었는데, 군법은커녕 세상 물정도 모르는 시골 소녀의 몸으로 잔 다르크는 가족의 만류도 뿌리치고 마을을 나섰다.

"프랑스는 한 여자에 의해 멸망하고 한 처녀가 되살린다?"

왕세자 샤를(훗날 샤를 7세Charles VII, 재위 1429~1461) 앞에 잔 다르크가 알현을 요청하며 모습을 드러냈다. 1429년 2월 초 어느 날의 일이다. 한데, 어찌 된 일인지 그에 관한 기록은 대부분 소실되어 진위를 알 수 없게 되어버렸다.

왜 관련 기록이 감쪽같이 사라졌을까? 추측하건대 그를 '이단'으로 단죄해 화형시킨 가톨릭교회로서는 잔 다르크가 일으킨 '기적'을 역사 기록으로 남기고 싶지 않았기에 없애버린 게 아닐까. 다른 한편으로 워낙 겸손한 성정을 지닌 잔 다르크가 기회가 있을 때마다 자신이 한 일은 기적이 아니라고 열심히 얘기하고 다니는 바람에 그에 관한 기록이 많이 남아 있지 않은 탓도 있다.

그럼에도 천성적으로 의심 많은 성격의 샤를은 풍문으로 전해 들은 잔 다르크의 대단한 능력이 과연 진짜인지 시험해보고 싶었다. 잔 다르크와 처음 만났을 때 샤를은 한 신하에게 자기 옷을 입히고 자신은 허름한 복장을 한 채 일반 군중 속에 섞여 있었다. 그런데도 잔 다르크는 한 번도 본 적 없는, 변장한 왕세자를 조금도 망설임 없이 정확히 찾아내 그 앞에 무릎을 꿇었다.

15세기 초, 프랑스는 영국과 한창 전쟁을 치르고 있었다. 장기간에 걸친 소모적 패권 다툼으로 프랑스 전역이 황폐해질 대로 황폐해져 있었다. 한데 프랑스에는 오래 전부터 전해 내려오는 한 가지 전설이 있었다. 그것은 다음과 같은 예언이었다.

"프랑스는 한 여자에 의해 멸망하고 한 처녀가 되살린다."

예언속의 '한 여자'는 누구일까? 그는 왕세자 샤를의 어머니로, 사생활이 문란하다는 나쁜 소문이 돌며 호사가들의 입방아에 오르내린 이자보 드 바비에르(Isabeau de Bavière)였다. 그는 정신착란을 일으킨 남편(프랑스 국왕 샤를 6세)과의 사이에 태어난 친아들 샤를을 미워해 내연남과 손잡고 자신의 딸이 영국 왕에게 낳은 자신의 손자를 프랑스 국왕에 책봉할 속셈이었다.

"너는 내가 불륜으로 얻은 아들이다. 샤를 6세 국왕의 아들이 아니다. 그러니 너에게는 왕위 계승권이 없다."

샤를은 어머니 이자보의 공언 탓에 대관식을 올리지 못하고 있었다. 그런 상황에서 프랑스를 되살린다는 전설의 '한 처녀' 잔 다르크가 홀연히 나타난 것이었다.

사실 잔 다르크는 전설 속 이야기처럼 가난한 시골 무지렁이는 아니었다(잔 다르크를 주인공으로 내세운 이야기에서는 대부분 그를 순박한 시골 농민의 딸로 묘사하는 경향이 있다). 잔 다르크는 농장을 경영하는 제법 부유한 집안의 금지옥엽 딸이었다. 물론 그는 군사적인 면에서는 그야말로 초보였다. 전투 경험은커녕 무기를 제대로 잡아본 적도 없는, 그야말로 햇병아리 군인이었다.

그런데 어떤 기록에 따르면, 잔 다르크는 말투가 약간 과장되기는 해도 일단 그가 입을 열어 말하기 시작하면 누구나 홀린 듯 빨려들었다고 한다. 또 사람들은 그럴 때마다 잔 다르크가 시키는 대로 무엇이든 할 수 있다는 묘한 도취감에 사로잡혔다는 기록도 있다.

잔 다르크는 휘하에 있던 남자 군인들과 같은 공간에서 일상적으로 옷을 갈아입고 잠을 잤는데도 어느 한 사람 그에게 성적 욕망을 품지 않았다고 한다. 심지어 그의 벗은 몸과 가슴을 직접 본 사람이 수두룩한데도 말이다. 이는 그만큼 잔 다르크가 초월적 인간이라는 분위기를 물씬 풍겼기 때문으로 볼 수 있다.

'주님의 목소리'에 따라 잔 다르크가 지휘하는 군대는 불과 여드레 만에 군사적으로 매우 중요한 오를레앙 지방을 영국의 손아귀를 비틀어 되찾는 데 성공했다.

잔 다르크가 승기를 잡은 덕분에 왕세자 샤를은 랭스 대성당에서 정식으로 대관식을 올리고 샤를 7세로 즉위했다. 1429년 7월의 일로, 이는 모두 잔 다르크의 공이었다.

영국군의 포로가 된 잔 다르크가 옥중에서 이단으로 몰릴 위험을 감수하면서까지 남장을 고수해야 했던 절박한 이유

프랑스 영토 오를레앙을 되찾고 샤를 7세의 대관식을 성공시킨 주역으로 승승장구하던 잔 다르크. 그러나 영광의 시간은 그리 오래가지 못했다. 그는 콩피에뉴 교외에서 친영파 프랑스 귀족의 마수에 걸려 사로잡힌 뒤 영국 측에 신병이 인도되었다. 샤를 7세가 성대한 대관식을 치른 뒤 1년도 채 지나지 않은 시점인 1430년 5월 하순의 일이다.

샤를 7세는 이미 영국의 계략에 빠져 중요한 전투에서 패배를 거듭하고 있었기에 잔 다르크의 안위를 신경 쓸 겨를이 없었다.

잔 다르크는 루앙에서 이단자로 사형을 선고받았다. 친영파 종교학자들에게 장장 6개월 동안 집요한 이단 심문 재판을 받고서였다. 그는 종교적 금기였던 '남자 옷'을 입었다는 죄목으로 이단으로 몰렸다. 심문 도중 '앞으로는 남자 옷을 입지 않겠다'고 맹세했음에도 계속 남장을 문제 삼았다.

그런데 잔 다르크는 이단으로 몰릴 위험성을 감수하면서까지 왜 남장을 고수했을까? 옥중에서 거친 사내들이 몇 번이나 그를 욕보이려 했는데, 치마가 아닌 바지를 입고 있어야 옷을 벗기기 어려우므로 그나마 안전하다고 판단했기 때문이다.

기록에 따르면 성폭행 미수에 그쳤다고 하며, 잔 다르크가 굴욕을 견디지 못해 울부짖으며 거세게 저항했다는 기록도 남아 있다.

고대 로마시대에는 '처녀는 신성한 존재로, 처녀를 처형할 수 없다'라는 관습법이 있었다. 하지만 중세 유럽에서 이는 이미 과거의 법이 돼 있었다. 많은 사람이 단순히 처녀성에서 발현되는 잔 다르크의 신비한 힘을 빼앗으려는 목적으로 거친 사내를 보내 범하려 했다고 추측하는 것은 그런 맥락에서다.

그렇다면 누가 이 일을 주도했을까? 영국 측 정치인일까? 아니면 가톨릭교회 측일까? 아무튼 상상만으로도 끔찍한 공포감이 밀려올 지경이다.

영국 교회는 왜 잔 다르크 시신의 살점이나 뼛조각이 전혀 남지 않도록 세 번이나 화형했을까

마침내 잔 다르크의 화형이 집행되는 날이 왔다. 1431년 5월 30일이다.

잔 다르크는 자신을 둘러싼 장작에 불이 붙자 그리스도의 이름을 외쳤다. 영겁과도 같은 찰나의 시간이 흐른 뒤 이윽고 그의 목소리가 멈췄다. 사실 잔 다르크는 불에 타 숨진 것이 아니라 질식해 숨을 거두었을 것으로 추정된다. 화형을 당하는 죄수는 대개 장작이 내뿜는 다량의 연기에 질식해 숨이 끊어지기 때문이다.

잔 다르크를 이단으로 몰아붙인 교회는 옷이 불에 타서 떨어지고 시신의 맨살이 노출되자 일부러 불을 약하게 줄여 잔 다르크의 알몸을 군중의 구경거리로 만들었다. 잔혹한 종교 지도자들은 잔 다르크가 단순한 '이단에 빠진 아녀자'에 불과하다는 사실을 민중의 뇌리에 각인시키고자 애를 썼다.

그런데 잔 다르크를 태우는 맹렬한 불길 속에서 불가사의한 현상을 목격한 사람이 한둘이 아니었다. 어떤 이는 불길 속에서 '그리스도'라는 글자를 보았다고 증언했고, 또 어떤 이는 자욱한 연기 속에서 잔 다르크의 영혼으로 보이는 흰 비둘기가 하늘 높이 날아오르는 광경을 목격했다고 목소리를 높였다. 그리고 또 다른 어떤 이는 불탄 잔해에서 피에 젖은 그의 심장이 덩그러니 남아 있는 모습을 똑똑히 보았다며 자기 말을 믿어달라고 했다. 더욱 놀랍고도 충격적인 것은 그 불가사의한 현상을 목격한 이가 대부분 성직자들이었다는 사실이다. 사태는 점입가경이 되어 사형집행인조차 "성녀를 죽이고 말았다"라며 비통하게 절규하는 이례적인 상황으로 이어졌다.

이런 상황에도 잔 다르크의 시신은 세 번이나 불에 태워져 완전히 재가 될 때까지 연거푸 화형을 당했다. 이는 타고 남은 잔 다르크의 시신 살점이나 뼛조각을 민중이 수습해 신앙의 대상으로 삼을 수도 있다고 우려한 교회가 절박하게 취한 조치였다. 잔 다르크를 죽인 교회 관계자들로서는 오로지 자신들의 권위와 기득권을 지키고 싶었을 것이다.

영국과 가까스로 정식 강화를 체결한 샤를 7세는 잔 다르크의 명예를 회복시키기 위한 재판을 열었다. 그가 화형당해 죽은 지 25년의 시간이 지난 뒤의 일이다. 이 재판에서 잔 다르크의 무죄가 확정되었다. 또 잔 다르크는 성녀로 로마 교황청의 승인을 받기도 했다. 물론 이는 더욱 먼 훗날인 1920년의 일이다.

그러나 아이러니하게도 로마 교황청은 루앙에서 잔 다르크를 이단이라고 판결한 사실을 아직도 철회하지 않고 있다. 성녀이면서 동시에 이단인 잔 다르크는 이제 교회의 규칙을 초월한 전무후무한 존재로 자리매김했다.

2

위대한 군주도 피해가지 못한 위험하고 치명적인 성욕

EPISODE

08

죽은 아내를 그리워해 21년간 세상에서 가장 아름다운 영묘 '타지마할'을 지은 샤 자한

21년 동안 나라가 휘청거릴 만큼 막대한 돈을 쏟아부어
죽은 아내를 위한 초호화 무덤을 지은 샤 자한

전 세계적으로 유명한 유적 타지마할(Taj Mahal)은 '인류가 창조한 가장 아름다운 영묘'라는 찬사를 받는다. 이 대단한 유적은 인도 야무나강 주변에 자리 잡은 고대 도시 아그라에 있다.

누가 어떤 목적으로 타지마할을 지었을까? 무굴제국 전성기의 황제였던 샤 자한(Shah Jahan, 재위 1628~1658)이 그 주인공으로 알려져 있다. 그가 사랑하는 아내 뭄타즈 마할(Mumtaz Mahal)의 너무도 갑작스럽고 이른 죽음을 애도하기 위해 지었다는 '부부 사랑의 결정

체'가 타지마할이라는 주장이 일반적인 정설로 받아들여진다.

샤 자한은 사랑하는 아내가 세상을 떠나자 슬픔을 이기지 못하고 식음을 전폐했다고 전해진다.

> 전하는 꼬박 일주일 동안 깊은 슬픔에 잠겨 지냈고, (왕비님이 세상을 떠나기 전까지 성실하게 국정을 수행했으나) 한동안 공적인 자리에 나오지 않았으며 국사를 돌보지도 않고 (중략) 두문불출했다. 크나큰 불행을 겪으신 후로는 예전처럼 음악을 즐기지도 않게 되었고 노래하는 모습도 볼 수 없게 되었다.(당시 궁정 역사가였던 이나얏 칸(Inayat Khan)의 증언)

애도 기간이 끝난 뒤에도 샤 자한은 무려 21년이라는 긴 시간 동안 나라가 휘청거릴 정도로 엄청난 돈을 쏟아부어 죽은 아내를 위한 웅장하고 화려한 무덤을 짓게 했다. 하지만 실제로 지어진 타지마할이 너무도 아름답고 완벽하다는 점에서 이 샤 자한이라는 남자의 이중성이 엿보이기도 한다.

"그는 한 점의 미소도 띠지 않고 한순간도 위엄을 무너뜨리지 않았다."

"그는 거만함과 경멸이 뒤섞인 묘한 표정을 짓곤 했다."

무굴제국 전성기 황제였던 샤 자한의 인품과 태도를 당시 영국 외교관이던 토머스 로 경(Sir Thomas Roe)이 묘사한 말이다.

젊은 나이에 세상을 떠난 아내를 그리워하는 애틋한 일면이 있었으나 다른 한편으로는 마음 깊은 곳에 말로 다 표현할 수 없을 만큼 폭력적인 면도 감춰져 있었다.

기록에 따르면, 샤 자한은 자신이 총애하던 귀족들이 거짓말했다는 사실을 알게 되자 극도로 분노해 그들을 참살했다고 한다. 아마도 그는 사랑도 미움도 깊었던, 그야말로 극과 극을 달리는 성격의 소유자였던 모양이다.

죽은 아내를 너무도 그리워해 아내를 닮은 딸과 근친상간까지 저지르다?

샤 자한은 사랑에 있어서도 명과 암이 분명한 사람이었다. 그가 정식으로 혼인해 왕비로 인정한 여인은 모두 네 명이었다. 그런데 그중에서 그토록 호화로운 영묘를 지어서 바친 아내는 오직 뭄타즈 마할 한 명뿐이었다.

샤 자한은 스무 살에 열일곱 살이던 뭄타즈 마할과 결혼했다. 1612년의 일이다. 이후 1631년 6월 17일, 뭄타즈 마할이 서른여섯 살 나이에 산욕열로 세상을 떠날 때까지 모두 열네 명의 자식을 낳았다(그중 무사히 자라서 성인이 된 자식은 일곱 명이었다).

원래 뭄타즈 마할은 기가 센 악녀로 황제에게 자신만 사랑해달라고 주저 없이 말할 정도로 당돌하고 이기적인 여자였다.

"다른 여자를 임신시키면 유산시키겠습니다."

그는 황제의 사랑을 독차지하기 위해 이런 식으로 엄포를 놓기도 했다. "정사를 돌보는 남편을 적극적으로 보필했다" 같은 긍정적 평가도 있는데 이는 다른 한편으로 정치에도 개입했다고 해석할 여지를 준다.

그러나 아무리 제멋대로여도 다 받아줄 정도로 사랑하던 뭄타즈 마할이 갑자기 세상을 떠나자 온전히 그 한 사람에게 쏟아지던 샤 자한의 사랑은 갈 곳을 몰라 헤매었으며 기묘한 사건이 연이어 일어났다.

샤 자한은 여자에게 집착하기 시작했다. 첩실을 계속 늘렸고 독신 여성뿐 아니라 신하의 아내에게까지 손을 댔다. 급기야 그는 매년 한 번씩 여성을 품평하기 위해 여드레 동안 시장을 열기도 했다(노예 시장 분위기를 상상해보라).

게다가 황망하게 세상을 떠난 아내의 모습이 그리웠던 탓인지 아내를 닮아 아름답게 자란 딸 자하나라 베굼(Jahanara Begum)과 근친상간 관계에 빠졌다는 민망한 소문이 멀리 유럽에까지 퍼져나갔다. 어머니 뭄타즈 마할이 사망했을 때 열일곱 살이던 자하나라는 어머니 자리를 물려받아 무굴제국의 황비가 되었다. 자하나라는 샤 자한이 가장 좋아하던 딸로 다른 측실을 다 제치고 '제국에서 가장 영향력 있는 여인'이 되었으니 갖은 소문이 떠돌 만했다.

21년 동안 대대적인 공사를 벌인 끝에 영묘가 완성된 후 샤 자한은 죽은 왕비의 기일인 6월 17일이 되면 매년 타지마할에서 아내와의 추억을 떠올리며 시간을 보냈다.

그러나 샤 자한의 만년은 너무도 비참했다.

샤 자한에게 차별당한 둘째아들 아우랑제브가 복수를 위해 아버지에게 대접한 끔찍하고도 충격적인 식사

샤 자한은 아내들뿐 아니라 자식들도 평등하게 사랑하지 않았다. 예를 들어 제일 사랑하는 아들인 황태자 다라 시코흐(Dara Shikoh)와 비교하면 그의 동생 아우랑제브(Aurangzeb)는 대놓고 구박하고 홀대했다. 두 아들 모두 끔찍이 사랑하는 왕비 뭄타즈 마할이 낳은 자식이었음에도 말이다. 아우랑제브는 성장한 뒤 아버지 샤 자한이 자신을 얼마나 차갑게 대하고 못마땅해하며 구박했는지를 떠올리며 거칠게 항의하기도 했다.

다라 시코흐와 아우랑제브의 갈등은 급기야 내전으로 번졌는데, 이는 1658년의 일이다. 형제간 다툼의 최후 승리자는 아우랑제브였다. 아우랑제브는 체포된 형 다라 시코흐와 그의 자식들에게 모진 수모와 고초를 준 뒤 참수했다.

사랑하는 아들과 손자들의 죽음을 전해 들은 일만으로도 샤 자한은 충분히 지옥을 맛보아야 했다. 그런데 그게 다가 아니었다.

어느 날이었다.

샤 자한이 식탁에 앉자 음식이 나왔다. 그가 고기 요리 뚜껑을 열자 실로 놀라운 '요리'가 나왔다. 그게 뭐였을까? 충격적이게도 샤 자한이 끔찍이 사랑했던 아들 다라 시코흐의 머리였다.

당시 상황을 목격한 이탈리아 여행가 니콜로 마누치(Niccolò Manucci)는 다음과 같이 증언했다.

> 샤 자한은 외마디 비명을 지르며 앞으로 고꾸라져 식탁에 얼굴을 박았다.

샤 자한은 이가 몇 개나 부러질 때까지 자기 머리를 식탁에 찧는 자학적 행동을 멈추지 않았다고 한다.

이후 샤 자한은 실권을 잡은 아우랑제브에게 개인 자산인 보석까지 모두 빼앗기는 등 온갖 수모와 냉대를 받으며 죽을 때까지 뒷방 늙은이 취급을 당했다.

인도를 호령하던 황제는 타지마할 근처 아그라 궁전에서 가족과 첩들이 지켜보는 가운데 꼼짝없이 유폐되어 죄수나 다를 바 없는 생활을 했다.

창으로 내다보이는 타지마할을 멍하니 바라볼 수밖에 없는 신세였다고 전해지는데, 말이 상왕이지 실제로는 도저히 상왕이라고 볼 수 없는 매우 비참하고 곤궁한 생활이었다. 심지어 새 실내

화를 살 여유조차 없을 정도로 돈에 쪼들렸다는 일화도 전해 내려온다.

일흔네 살의 샤 자한은 배뇨 장애를 일으켜 큰딸 자하나라 베굼이 지켜보는 가운데 괴로움에 몸부림치다 눈을 감았다. 1666년의 일이다. 최음제 부작용으로 신장이 망가진 결과였다고 하는데, 실내화 한 켤레 사 신을 돈도 없을 정도로 쪼들리면서도 수상한 약에 돈을 쓴 전 황제의 노후 모습이 애처롭기만 하다.

순백색으로 빛나는 타지마할의 이면에 숨겨진 무굴제국 황실의 어둠은 바닥을 모를 정도로 깊고 암울하기만 하다.

EPISODE

09

한편으로 전족을 엄격히 금지하면서 다른 한편으로 병적으로 즐긴 청 황제 건륭제

폭력적이고 야만적인 전족 풍습은 언제부터 생겨났을까

오랜 세월 동안 중국 여자들의 발은 유난히 작은 것으로 알려져 왔다. 언제부터 그랬을까? 중국 여자들의 발이 본격적으로 작아지기 시작한 것은 10세기 이후 남송시대부터라는 것이 정설이다. 왜 작아졌을까? 자연스러운 진화의 과정에서 발이 작아졌을 리 만무하다. 당연히 인간이 인위적으로 개입해 억지로 만들어낸 결과다.

남송시대 중국인들이 어떻게 여자들의 발을 작아지게 만들었는지 살펴보자. 먼저, 어린 여자아이의 발등뼈를 어머니와 친척 여인들이 손으로 전후좌우로 접고 꺾어서 천으로 단단하게 싸매면 주변 뼈 조직이 썩어서 떨어져 나간다. 이후 몇 년 동안 이런 일을 반복하다 보면 발이 조금씩 작아진다. 이런 야만적이고 폭력적인 과정을 거쳐 만들어진 것이 바로 '전족'이라는 이름의 작은 발에 감춰진 진실이다.

남송시대에는 전족이라고 해봐야 자연스러운 발보다 약간 작은 크기로 17~18센티미터 정도였다. 그런데 시간이 지날수록 점점 더 작은 발을 추구했고, 명대 무렵에는 '삼촌금련(三寸金蓮)'이라는 이상적인 전족을 설명하는 말이 생길 정도였다. 성인이 된 후에도 10센티미터 남짓한 크기를 유지하는 발이 가장 아름다운 발로 추앙받았다.

놀랍게도 청나라 시대 중국 광둥 등의 몇몇 지방에서는 서민 중에도 2촌(약 7센티미터)밖에 되지 않는 작은 발로 아장아장 걸어 다니는 여성이 많았다. 이런 발로 어떻게 살림을 하고 살았을까 싶을 정도다. 제대로 걷기도 힘든 그런 작은 발로는 활발히 활동하거나 여러 가지 집안일을 해내는 것은 그만두고 누군가가 부축해 주지 않으면 제 한 몸 건사하기도 쉽지 않았을 것이다.

중국 여인들이 비정상적으로 작은 발을 유지하려면 네다섯 살 무렵부터 뼈가 변형되고 살이 떨어져 나가는 끔찍한 통증을 이를 악물고 참아야 했다. 당연히 이러한 과정은 어린 소녀의 몸에 엄청난 육체적 고통과 마음의 상처를 남겼다.

옛날 중국인들이 전족한 작은 발에 그토록 열광한 까닭

옛 중국인들은 왜 그렇게까지 무리수를 두어가며 여인의 발을 작게 만들었을까? 21세기를 사는 현대인의 관점에서 보자면 굳이 그렇게까지 해가며 인위적으로 작은 발을 만들어야 했을까 싶겠으나 당대인들로서는 나름대로 그럴 만한 이유와 명분이 있었다. 일차적으로는 아름다움의 관점 때문인데, 당시 중국에서는 전족으로 만든 자그마한 발이 여성의 몸 중에서 가장 관능적이고 섹시한 신체 부위로 여겨졌다.

잠깐 요리 얘기를 해보자. 중국 전통 요리에서는 어떤 요리가 최고의 진미로 여겨졌을까? 재료 본연의 맛을 잘 살리고 극대화한 요리가 아닌 특별한 요리 기술로 원재료와 완전히 다른 새로운 맛과 식감을 창조해낸 요리다.

비유하자면 인간이 애초 가지고 태어난 성기보다는 인공적으로 관능적인 뭔가를 다른 신체 부위에서 만들어내어 그것을 도구로 이용해 사랑하는 행위가 고도로 발전된 문화의 하나로 여겨진 측면이 있다. 그런 관점에서 전족은 단순히 특정 신체 부위나 물건에 집착해 성적 흥분이나 만족을 느끼는 페티시즘(fetishism)을 초월한 영역에 속한다고 볼 수 있다.

중국 춘화를 보면 전족한 여성과 남성이 벌거벗은 채 서로 끌어안은 모습에 성기까지 극도로 사실적으로 묘사하면서도 여성의 드러난 맨발을 그리지는 않는다. 전족이 완성된 후 여성의 발은 항상 헝겊으로 꽁꽁 싸매어 맨발을 볼 수 있는 사람은 오로지 남편뿐이라는 법도가 있을 정도였다.

> (전족한) 발의 아름다움을 감상할 때는 발뒤꿈치의 오목하게 들어간 부분이 백미다.

이는 예로부터 중국에서 전해 내려오는 말로, 발등을 꺾고 발가락을 구부려 접어 넣어 전족을 만드는 과정에 생긴 오목하게 들어간 부분을 전족의 백미로 여겼다. 실제로 사진에 찍힌 전족한 여성의 발 모습은 마치 여성의 성기를 본뜬 것처럼 보일 정도다.

고대부터 중국에서는 남존여비 경향이 강했는데, 낮에는 남편의 시중을 들던 아내의 발을 밤에는 남편이 애지중지 떠받들며 뺨에 비벼대곤 한 셈이다. 상당히 변태적인 취향이라고 하지 않을 수 없다.

전족한 발 자체가 '최고의 성감대'였다?

남성이 여성의 전족을 즐기는 방법도 다채로웠다. 단순히 눈으로 바라보며 감상하거나 손으로 쓰다듬는 정도로 그치지 않았다.

그럼 어떻게 했을까? 우선, 여성이 신고 있던 작은 신발에 술을 따라 그 '향기로운 냄새'가 술에 잘 배어들 때까지 기다렸다가 마셨는데, 이를 '연화배(蓮花杯)'라고 불렀다. "오이를 거꾸로 먹어도 제멋이고, 지게를 지고 제사를 지내도 상관 말라"라는 속담처럼 사람의 취향이 각양각색이라고 하지만 오늘날의 기준으로는 아무래도 비위가 상하는 장면이 아닐 수 없다.

알아두면 언젠가 쓸모 있는 지식이 될 날이 올 수도 있겠지만 발(특히 발바닥)은 신선한 흥분을 불러일으키는 묘한 신체 부위다. 제정 로마시대의 저택에서는 새의 깃털을 사용해 지체 높은 귀족 집안 여인들의 발바닥을 간질이거나 흥분시켜 성적 쾌감을 느끼게 하는 기술을 보유한 '간지럼 태우기 전문 여자 시종'을 고용하기도 했다.

알아두면 언젠가 써먹을 수 있는 토막상식 하나 더. 피어싱한 부위처럼 일종의 신체적 자극과 통증을 주는 부위는 감각이 민감해지는 경향이 있다. 발바닥의 매우 민감한 감각과 전족은 그런 '쾌감의 급소'가 될 요소를 두 가지나 갖추고 있었던 셈이다.

여성의 성기를 본떠 기묘한 모양으로 변형된 작은 발에 흥분을 느끼던 당시 중국 남성들의 심리가 이해되는가? 아무튼 남성의 만족도와 더불어 여성도 자신의 작은 발을 누군가가 만지면 천국에 간 듯한 짜릿함을 느끼는 '이점'이 있었기에 전족이라는 끔찍한 고통을 견디어낸 게 아니었을까.

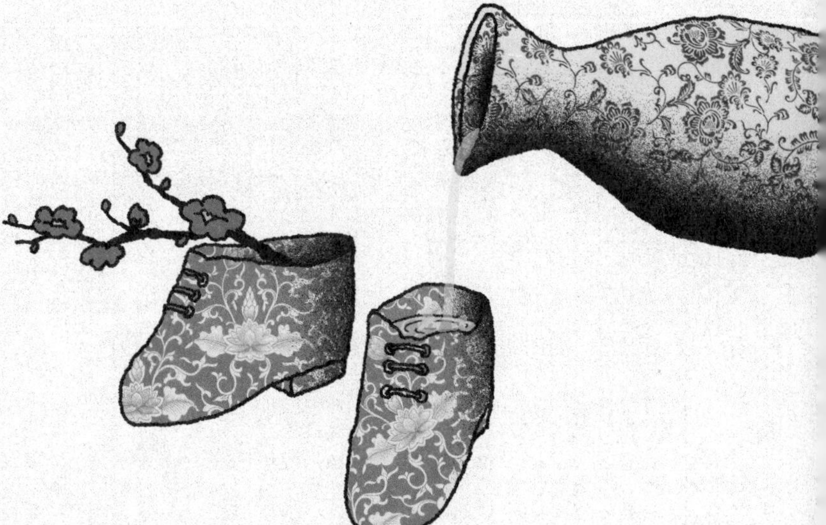

백성에게는 엄격히 금지하면서 정작 자신은 전족을 병적으로 즐긴 청 황제 건륭제

중국에서 전족은 주로 한족의 풍습으로, 현대 중국에서도 한족이 인구의 다수를 차지한다. 청나라 시대 중국의 지배 계급은 만주족이었다. 당시 만주족 여성에게는 전족 금지령이 내려져 엄격히 단속했으며, 황제 후궁으로는 전족한 여성을 들이지 않는다는 왕실 법도가 있을 정도였다(그 사실을 숨긴 채 입궁했다가 발각되면 처형당할 수도 있었다).

청제국의 명군으로 손꼽히는 건륭제(乾隆帝, 재위 1735~1795)는 특히 전족을 싫어했고 악습으로 여겼다. 그는 전족이 반드시 뿌리 뽑아야 할 악습 중 하나라고 힘주어 말하곤 했다. 그러나 실제로 그는 전족한 (한족) 여성을 무척 좋아해서 베이징 북부 원명원(圓明園)이라는 이궁(離宮)에 그런 여인들을 몰래 숨겨 두고 즐겼다. 만에 하나 어머니인 태후에게 들키기라도 하는 날에는 불호령이 떨어질 일이라 전족한 여성에게 큼직한 신발을 신겨 작은 발이 드러나지 않도록 했다고 한다.

건륭제를 둘러싼 은밀하고도 엽기적인 소문이 뜬소문에 지나지 않는다는 주장도 많았다. 그러나 이는 뜬소문이기는커녕 변명의 여지가 없는 역사적 사실로 밝혀졌고 황제의 그 은밀한 취향이 만천하에 공개되기에 이르렀다. 1928년 고고학자들이 건륭제 묘를 발굴 조사할 때 건륭제와 함께 순장된 한족 여성이 전형적인 '삼촌금련'의 소유자였기 때문이다. 이렇듯 작디작은 발의 기묘한 매력에 빠져 헤어나지 못한 남자들은 인종과 민족을 막론하고 어디에나 있었던 모양이다.

EPISODE

10

'왕관을 쓴 창부' 예카테리나 2세와 그의 연인들

국사를 논하며 외모가 출중한 젊은 남성들과 틈틈이
밀애를 즐기는 정열적이고 음란한 여인 예카테리나 2세

18세기 러시아제국은 여제 4명이 등장한 '여제의 시대'였다. 18세기 말엽까지만 해도 황제가 승하하면 황후가 황제의 자리를 이어받을 수 있다는 제도가 있었기 때문이다. 게다가 '인망(人望)'을 가장 중요하게 여겼기에 일정 조건만 충족하면 황후가 황제 일족인 로마노프 가문의 피가 섞이지 않아도 황제의 자리에 오를 수 있는, 대담하다고까지 말할 수 있는 제도였다.

이 제도의 혜택을 가장 크게 누린 인물이 바로 예카테리나 2세

(Ekaterina II, 재위 1762~1796)였다. 그는 프러시아 슈테틴(현재 폴란드 슈체친)에서 태어난, 영향력이 크지 않은 귀족 가문의 딸에 지나지 않았으나 엄청난 행운으로 러시아 여제 자리에까지 올랐다. 그는 사람들을 감쪽같이 속이는 능력이 얼마나 무서운 힘을 발휘할 수 있는지 잘 알고 있고 그것을 잘 이용할 줄 알았다.

예카테리나 2세는 국사를 논하며 외모가 출중한 젊은 남성들과 틈틈이 밀애를 즐기는 것도 잊지 않은 정열적인 여인이었다. 그가 공식적으로 인정한 연인만 열 명이 넘었고, 그가 낳은 아이들 다섯 명의 아버지가 모두 달랐다. 그나마 '동시에 여러 남자와 관계를 맺지는 않는다'라는 자신이 정한 규칙만은 그런대로 잘 지켰다. 그가 한 연인과 관계를 정리하는 데 있어 원인을 제공한 쪽은 대부분 남자들이었다. 그는 연인이 바람을 피운 것을 알게 되면 곧바로 이별을 통보했다.

남편 표트르 3세를 쿠데타로 몰아내고 제위에 오른 냉혹하고도 야심만만한 여인

예카테리나 2세는 자신의 의지에 따라 움직여주는 사람을 특별히 총애했다. 그러나 자신의 뜻을 거스르는 사람은 설령 남편이나 자식이라도 용서하지 않고 단호하게 관계를 끊어버렸다.

예카테리나 2세는 무능한 남편인 러시아 황제 표트르 3세(Pyotr III, 재위 1762~1762)를 제위에서 끌어내리기 위한 쿠데타가 성공한 덕분에 여제가 될 수 있었다. 1762년 6월 28일의 일이다. 두 사람의 결혼은 애초에 사랑이 없는 정략결혼이었다. 표트르는 고작 반 년 남짓한 짧은 기간 동안 황제 자리에 머물렀는데, 예카테리나 2세는 남편을 '정치적 무능력자'라고 단정했다. 게다가 그는 자서전에서 남편이 "남성으로서도 성적으로도 무능하기 짝이 없었다"라며 노골적으로 비난했다.

예카테리나 2세는 자서전에서 결혼식을 올린 후에도 남편 표트르는 몸과 마음이 모두 어린아이 상태에서 벗어나지 못했다고 했다. 그래서 무려 9년(실제로는 5년 정도로 추정된다) 동안이나 부부관계를 하지 못하고 독수공방해야 했다고 적나라하게 까발리며 노골적으로 모멸감을 드러냈다.

그뿐이 아니었다. 예카테리나 2세는 아들 파벨이 표트르 3세의 친아들로 되어 있지만 실제로는 당시 격정적 사랑을 나눈 연인 세르게이 살티코프(Sergei Saltykov) 백작이 생물학적인 진짜 아버지라는 사실을 자서전에서 은근히 내비치기도 했다. 이는 황제의 핏줄에 대한 정통성을 뒤흔들어 버리는 엄청난 내용이 아닐 수 없다. 그런데도 그는 한 술 더 떠서 자서전을 당당히 훗날 황제가 된 아들에게 바쳤다고 하니, 일반적인 상식으로는 도무지 이해되지 않는다.

예카테리나 2세의 새 연인 그레고리 오를로프의 친동생과 그 일당에 의해 잔인하게 살해당한 표트르 3세

폐위된 표트르 3세는 별궁에 유폐되었다. 1762년 6월의 일이다. 그리고 그로부터 얼마 지나지 않은 7월에 비극적인 사건이 벌어졌다. 표트르 3세가 갑작스럽게 죽은 것이다. 당시 예카테리나 2세는 알렉세이 오를로프라는 남자에게 받은 편지로 표트르 3세의 갑작스러운 죽음을 알게 되었다고 한다.

편지에 따르면, 술에 만취한 표트르 3세는 '어느 인물'에게 시비를 걸었다. 그리고 알렉세이는 "두 사람을 떼어놓을 새도 없이 순식간에 표트르 3세가 이 세상 사람이 아니게 되었습니다"라고 했다. 알렉세이 오를로프는 예카테리나 2세의 새로운 연인 그레고리 오를로프(Gregory Orlov)의 친동생이었다.

알렉세이의 모호한 말투에는 '일어난 사건'을 있는 그대로 적지 않았다는 느낌의 죄책감이 묻어 있다. 사실을 알고 보면 모두 표트르 3세를 경호한다는 명목으로 감시하던 근위병들의 고의성 다분한 행위였으며, 실제로 그는 근위병들에게 죽을 때까지 얻어맞고 발에 차이며 무자비한 폭행을 당한 모양이었다.

예카테리나 2세는 살인사건이라는 것을 알았으면서도 진상을 조사할 생각을 하지 않았다. 그는 표트르 3세의 장례식에도 참석하지 않았을 뿐 아니라 연인과 그 동생을 보호하기 위해 표트르

3세가 "설사와 치질 악화로 인한 대량 출혈 끝에 사망했다"고 공식 발표했다. 참으로 무서운 여자가 아닌가! 이렇듯 예카테리나 2세는 그럴 듯하게 둘러대기와 말 맞추기의 천재였다.

그레고리 오를로프와 맺은 관계는 비교적 오래갔으나 종말이 찾아왔다. 예카테리나 2세는 오를로프의 부정한 행위가 들통나자마자 이별을 결심하고 그에게 드넓은 영지를 하사하며 그간의 노고를 치하했다. 그러고는 "앞으로 친구로 지내자"라며 정식으로 이별을 통보했다.

이처럼 수많은 연인에게 여제가 통 크게 하사한 광대한 토지에는 농노가 필수적으로 딸려 있었다. 예카테리나 2세가 그저 기분 내키는 대로 하사한 영지 탓에 러시아의 농노 수가 크게 증가했고 빈부 격차는 나날이 커져만 갔다.

손자 니콜라이 1세가 할머니 예카테리나 2세를 '왕관을 쓴 창부'라고 비난한 까닭은?

예카테리나 2세의 마지막 남자는 그리고리 포톰킨(Grigory Potemkin)이라는 군인이었다. 그는 여제의 총애와 특권을 상실한 오를로프 형제에게 습격당해 왼쪽 눈을 실명했다. 그러나 정치적으로 뛰어났던 포톰킨은 예카테리나 여제에게 공적으로나 사적으로

나 없어서는 안 되는 최측근이 되었고, 두 사람은 비밀 결혼식까지 올렸다.

포툠킨은 여제를 다루고 조종하는 능력이 탁월했다. 변덕스러운 여제의 마음이 자신에게서 떠나지 않도록 다른 지방으로 원정 갈 때는 자신의 충성스러운 부하를 여제 측근에 배치해 두고 갔다. 마치 후궁이 왕의 총애를 잃지 않기 위해 궁녀를 교묘히 이용하는 식의 궁중 비화와도 같은 이야기다.

포툠킨에게 "당신은 남성 편력이 너무 심해 질투가 난다"라는 말을 들은 예카테리나 2세는 다음과 같은 구절이 포함된 교태를 부리는 편지를 보내기도 했다.

> 용사님, 이렇게 참회하는데도 여전히 내 죄를 용서해주지 않을 생각이야? 열다섯 명이라니, 거짓말이야. 사실은 그 3분의 1 정도? (후략)

화류계 여자들과의 밀고 당기기를 가르치고 그들의 평점을 매겨 정보를 공유하는 일종의 밤놀이 교본 『나니와도라(難波鉦)』에서는 "다른 사람과 정을 통했다는 사실을 연인이 알게 되었을 때 그게 사실이라면 재빨리 인정하고 그럴듯한 변명을 덧붙이라"라고 했다. 이런 꼼수를 본능적으로 활용한 예카테리나 2세는 역시 '무시무시한' 여자다.

훗날 손자인 니콜라이 1세(Nikolay I, 재위 1825~1855)에게서 '왕관을 쓴 창부'라는 말까지 들었으니, 예카테리나 2세는 과연 혀를 내두를 만한 인물이었다.

EPISODE

11

한때 자신이 끔찍이 사랑한 여인들을 줄줄이 처형대로 보낸 사이코패스 왕 헨리 8세

후사를 보아야 한다는 압박감에 시달리다 광기 어린 행보를 보인 헨리 8세

과거 유럽 왕실은 결혼생활만 따로 떼어놓고 보면 패륜 소굴이라 불러야 마땅하다. 대표적인 예로 엘리자베스 1세의 아버지 헨리 8세(Henry VIII, 재위 1509~1547)를 들 수 있다. 그는 젊은 시절 지적 풍모를 갖춘 미남으로 나라 안팎에서 칭송이 자자했으나 만인지상의 자리인 국왕의 지위에 오르자 권력욕과 교만함에 한껏 취해 만용을 일삼았다. 또 후사를 보아야 한다는 압박감에 시달리다 광기 어린 행보를 보이기도 했다.

헨리 8세는 왕비들을 후계자를 낳지 못한다는 이유로 줄줄이 추방하거나 폐위시킨 뒤 처형하는 무자비한 왕으로 당시 악명 높았던 것은 물론 후세에까지 오명을 남겼다.

헨리 8세가 아내들을 연달아 추방한 것은 그로서는 궁여지책이었다. 당시 영국 왕실이 믿고 섬기던 가톨릭 교리에 따르면 원칙적으로 이혼이 인정되지 않았기 때문이다. 헨리 8세는 정실 왕비에게서 태어나 자신의 대를 이어줄 아들을 얻는 일에 지나칠 만큼 집착했다.

참고로, 가톨릭교회라고 해서 이혼을 백 퍼센트 인정하지 않는 것은 아니다. 예를 들어 남성이 성적 불능임을 입증할 수 있다면 이혼이 인정된다. 그 탓에 자칫하면 이혼을 강하게 요구하는 아내와 자존심 때문에 거부하는 남편이 남자 구실을 할 수 있는지를 놓고 법정에서 공개적으로 증명해야 하는 민망한 상황을 겪을 수도 있었다.

절대적 남성 우월주의자였던 헨리 8세는 자존심 때문에라도 그런 식으로는 이혼하고 싶지 않았다. 당시 영국 성인 남성의 평균 신장이 160센티미터 정도였던 데 반해 헨리 8세는 190센티미터가 넘는 근육질의 거구였다. 더구나 갑옷에 거대한 샅보대까지 차고 전장에 나갈 정도로 허세를 부리는, 성격 면에서도 마초적인 남자의 전형을 보여주었다(런던탑박물관에 그가 착용했다는 샅보대가 소장되어 있다). 그는 남자로서 자신의 능력을 믿어 의심치 않았고 그 능력을 과시하기를 즐겼다.

백 번 양보해서 그가 성 불능이라는 구실로 이혼한다면 이혼에는 성공할 수 있을지언정 정식으로 재혼하기는 어려워진다. 아무튼 영국 왕 헨리 8세는 정식 절차를 거쳐 결혼식을 치른 고귀한 여성에게서 자신의 대를 이어 왕위에 오를 후사를 보기를 갈망했다.

남자다움에 집착하는 병에 걸린 헨리 8세는 왕비가 사내아이를 낳지 못한다는 판단이 들면 미련없이 추방하고 다른 젊은 왕비로 갈아치우는 과정을 반복했다. 이것은 한편으로 여자들의 야심이 왕비 자리를 둘러싸고 거칠게 충돌한 결과라고 말할 수도 있을 것이다.

형의 아내 캐서린을 탐해 욕정을 채우고 결혼까지 했으나
아들을 낳지 못한다는 이유로 내치고
그의 하녀 앤 불린과 다시 사랑에 빠지다

헨리 8세의 첫 번째 왕비였던 아라곤의 캐서린(Catherine of Aragon)은 원래 헨리 8세의 형인 아서 튜더의 아내였다. 말하자면 그는 헨리 8세의 형수였다. 그러나 병약한 아서 왕자는 아내 캐서린에게 손끝 하나 대지 못하고 결혼한 지 5개월 만에 세상을 떠나 캐서린은 처녀의 몸으로 미망인이 되었다.

한데 젊어서 과부가 된 형수에게 헨리 8세는 이상하리만치 집착했고 결국 캐서린과 정식으로 결혼식을 올렸다. 그러나 캐서린은 사내아이가 아닌 계집아이를 낳아 헨리 8세를 낙담하게 했다. 그도 그럴 것이 당시에는 영국 왕실에 공주가 여왕이 될 수 있다는 법률이 없었기 때문이다. 유산과 사산을 반복하던 캐서린에게서 좀처럼 후사를 보지 못해 초조해질 대로 초조해진 헨리 8세는 앤 불린(Anne Boleyn)이라는 여성을 탐하기 시작했다.

앤 불린은 본래 캐서린 왕비의 시녀였다. 그는 왕비의 시녀가 되기 전 헨리 여동생의 시녀로 프랑스 궁정에 머물기도 했다. 즉, 당시의 개방적 사랑의 문화를 꽃피운 프랑스에서 그는 선진 문물을 배워온 셈이었다. 곱게 자란 정숙한 여인 캐서린은 야심만만한 성격에 세상 물정에 통달한 앤의 적수가 되지 못했다.

앤 불린의 친정은 비록 귀족이라고는 하나 보잘것없는 가문에서 출세한 집안이라 헨리 8세는 앤을 정식 결혼 상대자로 염두에 두지 않았다. 그런데 앤은 '애인으로 살기는 싫다'며 국왕의 의중을 꿰뚫어보고 있다는 듯 거침없이 말했다. 상대방이 자신에게 푹 빠졌다는 사실을 알고 초강수를 둔 셈이었다.

왕비가 될 수 없다면 다 그만두겠어요.

앤의 이 당돌한 발언이 사랑에 빠진 헨리 8세의 마음을 자극했다! 일생일대의 승부수를 던진 앤 불린의 도박이 성공하는 순간이었다.

헨리 8세는 앤 불린을 정식 왕비로 앉히기 위해 '불임' 등의 구실을 붙여 캐서린 왕비와 전격 이혼했다. 1533년의 일이다. 캐서린 왕비를 향한 반감을 굳이 숨기려 하지 않았던 앤 불린은 캐서린을 멸시하는 의미에서 노란색 드레스를 입고 헨리 8세와 춤추며 그의 결단을 기뻐했다.

캐서린 왕비와 마찬가지로 아들을 낳지 못하자
'간통죄'와 '메리 공주 암살 미수' 혐의까지 받고 사형당한
앤 불린의 최후

이렇게 왕비 자리를 쟁취한 앤 불린은 자신과 헨리 8세 이외에 누구도 축하해주지 않는 결혼식을 올렸다. 웨스트민스터 대성당에서 거행된 결혼식에 나타난 앤 일행에게 민중은 야유를 퍼부었고, 귀족들은 앤이라는 밉살스러운 눈엣가시를 어떻게 왕궁에서 쫓아낼 수 있을지 머리를 맞대고 숙덕거렸다.

온 나라가 자신을 미워한다고 해도 지나친 말이 아닌 상황에서 앤 불린은 외동딸 엘리자베스(훗날 엘리자베스 1세 여왕)를 낳았다.

사필귀정이라고 해야 할까, 아니면 인과응보라고 해야 할까.

앤 불린도 전 왕비 캐서린과 같은 이유로 왕비 자리를 빼앗겼다. 1536년의 일이다. 당시는 왕비 앤이 헨리 8세의 두 번째 아이를 유산하고 4개월 남짓 지났을 무렵이었다. 앞으로 그가 왕자를 낳을 가능성이 희박하다고 판단한 왕은 마치 망가진 연장을 아무렇지도 않게 버리듯 매몰차게 앤을 내쳤다.

헨리 8세는 먼저 앤의 수하에 있던 네 명의 사내를 긴급 체포했다. 그는 그들이 모진 고문 끝에 자백한 정보를 토대로 앤을 체포했는데, '(전 왕비 캐서린이 낳은) 메리 공주 암살 미수 혐의'와 함께 외간 남자와 정을 통했다는 혐의가 포함되어 있었다. 앤은 불명예스러운 누명을 쓰고 아무런 변호도 하지 못한 채 참수당하는 비참한 처지가 되었다. 그러나 사형대로 향하는 앤 불린의 발걸음은 마지막 순간까지 당당했고 희미한 미소마저 머금었다고 전해진다.

밤마다 런던탑에 나타나 사람들을 놀라게 하는 앤 불린의 유령

앤의 처형 소식을 들은 헨리 8세는 딸들을 얼싸안고 "너희를 못살게 굴던 마녀가 죽었다"라며 기뻐했다.

그런데 얼마 지나지 않아 그 '죽은 마녀'가 유령이 되어 런던탑과 주변 지역에 출몰하리라고는 아무도 상상하지 못했다. 앤 유

령 목격담은 그와 특별한 인연이 있는 장소와 지역에서 오늘날까지 끊이지 않고 들려온다. 심지어 1864년에는 런던탑의 공식 문서에서도 앤 불린 유령을 목격했다는 기록을 찾을 수 있을 정도다. 어느 날 밤, 런던탑에서 보초를 서던 한 위병이 희부연 안개에 휩싸인, 앤처럼 보이는 사람 형상을 목격하고 총검을 들이대는 일이 벌어졌다. 그런데 병사가 아무리 총검을 들이대도 아무것도 느껴지지 않자 혼비백산해서 도망쳐버렸다. 이후 근무 중 근무지를 이탈한 위병의 행위를 '직무 유임'으로 간주해 파면했다는 기록이 남아 있다.

오늘날 신경과 전문의 중에는 헨리 8세가 경계성 인격 장애로 판단되는 정신질환을 앓고 있었다고 추정하는 이들이 많다. 그는 첫눈에 반한 상대 여성에게 저돌적으로 달려들어 사랑을 쟁취한다. 그러고는 누구보다 열정적으로 사랑하던 상대방을 어느 날 갑자기 마치 게임에서 카드를 뒤집듯 백팔십도 태도를 바꾸어 '사랑'에서 '미움'으로 돌변하는 태도를 보인다. 한편 여기저기 유령으로 출몰하며 사람들의 간담을 서늘하게 했던 앤 불린은 정작 헨리 8세 앞에는 단 한 번도 나타나지 않은 모양이다.

앤 불린이 처형당한 뒤 헨리 8세가 번갯불에 콩 구워 먹는 속도로 재혼한 제인 시모어(Jane Seymour)는 나중에 에드워드 6세로 왕좌에 오르는 왕자를 출산한 뒤 산욕열로 사망했다. 이를 두고 '앤의 저주' 때문이라는 소문이 은밀히 돌았다. 그 저주가 사실이라면 왜 당사자인 헨리 8세가 아닌 다른 여인에게 향했는지 궁금하지 않을 수 없다. 어쩌면 헨리 8세라는 '나쁜 남자'를 머리로는 이상하고 위험한 남자라고 생각하면서도 본능적으로 거절할 수 없을 정도로 끌려 위험천만한 사랑의 불구덩이에 빠졌던 여인의 슬픈 운명이 아니었을까.

EPISODE

12

욕정을 채우기 위해서라면 며느리도 마다치 않은 희대의 호색한 황제 당 현종

4만 명의 아름다운 여인을 후궁으로 거느린 당나라 전성기의 마지막 황제 현종

중국 당 왕조는 7세기부터 10세기에 걸쳐 300여 년간 이어졌는데, 국제적 명성을 떨친 왕조의 전성기를 마지막으로 장식한 황제가 바로 현종(玄宗, 재위 712~756)이다.

시인 백거이가 지은 『장한가(長恨歌)』는 당 현종과 양귀비(楊貴妃, 719~756)의 유명한 사랑 이야기를 노래한다. 이 시에 '후궁가려삼천인(後宮佳麗三千人, 후궁에 아름답고 고운 미녀가 삼천 명이나 있었지만)'이라는 구절이 있는데, 놀랍게도 과장된 표현이 아니라는 것이 정설이다. 북송 인종(仁宗, 재위 1022~1063) 때 편찬된 당나라 정사(正史) 『신당서(新唐書)』에는 현종이 후궁으로 거느린 여인이 "4만 명에 이르렀다"라고 기록돼 있다.

황제의 아내 중에서도 정실에 해당하는 황후 자리에 오르는 사람은 단 한 명뿐이었다. 또한 후궁에도 서열이 있어, 당 황실에서 간택해 맞아들인 상류계급 여성들이 그중 높은 위치를 차지했다. 그들은 모두 황실 친척이나 선대 왕조의 자손처럼 귀한 가문의 딸로 곱게 자란 양갓집 규수였다.

'비빈(妃嬪)' 칭호를 얻는 그 다음 단계는 고위 문신 관료나 무신 관료의 여식 중에서 학식과 재능이 출중한 여성이 간택되었다. 그리고 그 아래에 선발시험을 거쳐 지위를 획득한 여성들이 있었다.

그러나 운 좋게 후궁에 간택되었다고 해도 그 삶이 계속된다는 보장은 없었다. 여자의 몸으로 얻은 성공은 그야말로 사상누각, 모래 위에 지은 집이나 다름없었다. 후진(後晉) 때 편찬된 『구당서(舊唐書)』「후비전(后妃傳)」에 실린 여성 서른여섯 명은 후궁으로 성공한 축에 속했다. 그중 그 유명한 양귀비도 있었다.

그런데 양귀비를 포함해 열다섯 명의 여성이 비운의 죽음을 맞이했다. 황제의 총애를 얻으려다 목숨을 잃은 여인, 황제가 죽은 뒤 순장 당한 여인, 가족이 권력의 자리에서 밀려나면서 함께 몰락한 여인이 여기에 포함된다.

양귀비의 죽음 또한 황제에게 사랑받은 운명의 대가였다.

현종과 당나라를 멸망으로 이끈
'경국지색'의 대표적 인물이라는 평가와
야심 없는 수수한 여인이라는 정반대 평가를 받는 양귀비

양귀비는 본명이 옥환(玉環)으로 촉주(蜀州) 하급관리 양현염(楊玄琰)의 딸이었다. 그는 비록 지방 하급관리의 여식이었으나 타고난 미모로 소문이 자자했다.

양귀비와 관련해서는 극과 극으로 다른 기록이 존재한다. 수많은 창작물에서 양귀비는 남자를 홀리고 이성을 상실하게 하여 몰락으로 이끄는 경국지색(傾國之色)의 대표 인물로 묘사된다. 그런데 역사서에서는 원래 야심이 없는 수수한 여인이 간택되어 후궁이 되었다고 기록되어 있다. 그러나 비록 양귀비 자신은 야망이 없었다고 해도 양 씨 가문의 운명과 출세 여부가 오롯이 그에게 달려 있었다는 점만은 부인할 수 없는 사실이다. 그 자신은 가문의 기대를 한몸에 받는 위치에 있다는 사실에 무관심했던 모양이지만 말이다.

양귀비의 생김새는 상상에 맡길 수밖에 없다. 안타깝게도 중국에서는 여성의 용모를 자세히 묘사하는 풍습이 없어 양귀비가 구체적으로 어떤 외모를 가졌는지 알 수 없다. 그저 중국 최고 시인으로 '시성(詩聖)'으로 불린 두보(杜甫)의 시에서 그는 '명모호치(明眸皓齒)'라는 수식어로 그려진다. '명모'란 반짝반짝 빛나는 눈동자를 가리킨다. 눈매가 또렷하고 길쭉하며 눈동자가 큰 눈이다. '호치'란 하얗게 빛나는 치아를 말한다. 초롱초롱한 눈동자에 웃으면 새하얀 치아가 싱그럽게 자태를 드러내는 맑은 미모의 여인이 양귀비였다.

신뢰할 만한 또 다른 사료에서는 '자질풍염(資質豊艶)'이라는 표현을 찾아볼 수 있다. 이 문구로 그의 몸매가 풍만하고 농염했음을 짐작할 수 있다. 즉 양귀비는 청순한 얼굴에 체구가 둥글고 탐스러운 인물로 추정된다.

'아들의 아내'를 가로채 온천에서 불꽃같은 사랑을 나누는 패륜을 저지른 당 현종

훗날 옥환은 황태자 후보인 이모(李瑁)의 아내 중 한 사람이 되었다. 하급 귀족의 딸로서는 놀라우리만치 신분이 상승한 셈이지만 자식을 낳지 못한 데다 이모가 실각하면서 옥환의 처지도 위태로워졌다. 그러나 어쩌면 그대로 불우한 미녀로 인생을 마감하는 게 옥환에게는 차라리 훨씬 나았을 수도 있다.

후처를 물색하던 남편의 아버지, 즉 시아버지인 현종이 눈부신 미모에 더해 노래와 춤 실력을 갖춘 옥환을 보고 한눈에 반했다. 옥환은 절대 권력자인 현종의 요구를 차마 뿌리치지 못하고 패륜

관계를 맺고 말았다. 이는 740년의 일이다. 이후 수도 장안의 동쪽에 위치한 온천궁에서 세상을 등진 채 두 사람은 마음껏 밀애를 즐겼다.

당시 기준으로 이미 노년기에 접어든 쉰다섯 살 현종은 옥환에게 병적으로 집착했다. 나중에 그는 옥환과 이모를 이혼시키기 위해 옥환을 일시적으로 도교 사원에 출가시켰다가 환속시키는 꼼수를 썼다. 6년 동안 이모의 아내로 살던 옥환은 결국 스물일곱 살에 정식으로 귀비 책봉을 받았다. 여기까지가 양귀비의 탄생 비화다.

현종의 사랑을 독차지했으나 양귀비는 심하게 앙탈을 부리거나 무리한 부탁을 하지는 않았다. 기껏해야 남방에서 즐겨 먹는 리치라는 과일을 대량으로 공수해달라고 조르거나 온천을 즐기는 정도의 귀여운 사치를 부리는 수준이었다.

현종이 젊은 날 싸워야 했던 친족 여성은 대부분 자신의 욕망을 위해서라면 경쟁자를 눈 하나 깜짝하지 않고 죽일 수 있을 정도로 잔인하고 표독스러웠다. 현종은 젊어서부터 독한 여자들 등쌀에 시달려온 정치인으로 오랜 세월 고진감래의 시간을 견뎌내야 했다. 그랬기에 얌전한 성격에 당시 아름다움의 기준에 부합하는 '포동포동하고 귀여운' 양귀비에게 마음의 평안을 느끼며 위로받았던 게 아닐까. 또한 양귀비의 뛰어난 가무가 예술에 조예가 깊었던 현종을 자극해 현실 정치에 지친 마음을 달래주었을 것이다.

안녹산의 난을 잠재우기 위한 희생물로 버드나무 아래에서 목이 졸려 죽임을 당하다

그런 양귀비가 죽임을 당할 수밖에 없었던 이유가 바로 고대 중국이 우리에게 보여주는 비정함과 무서움이다. 양귀비에게는 연좌제가 적용되었다. 연좌제란 죄인과 가족이나 친척 관계에 있는 사람에게 연대적으로 책임을 지우는 제도다.

양귀비를 기쁘게 해주고 싶었던 현종은 그의 일가친척에게 벼슬을 주고 관리로 등용했다. 하급관리에 지나지 않던 양 씨 가문이 양귀비 덕분에 중신 자리에 오르자 세간의 반감과 질시가 쏟아졌다.

양귀비의 사촌 오라비 양국충(楊國忠)은 황제의 총애를 받는 자신의 지위를 믿고 황제의 귀에 경쟁자 안녹산(安祿山)에 대한 험담을 자주 속삭였다. 이에 참다못한 안녹산이 급기야 반란을 일으켰고 중국 민중의 불만이 함께 폭발하며 후대에 '안녹산의 난'이라고 불리게 된 대규모 난으로 발전했다.

황제 현종은 급변 사태를 수습하기 위해 반란군의 표적이 된 양귀비를 본보기로 죽였다. 세간에서는 '사랑의 비극'으로 여겨지나 마지막까지 현종에게 양귀비는 실컷 가지고 놀다 쓸모없어지면 처분하는 노리개나 다름없는 존재였다.

현종에게 계속 사랑받기 위해 젊음을 유지하는 약이라고 철석

같이 믿었던 어린 여자아이의 소변까지 마셨다는 일화가 전해 내려오는 양귀비. 그의 말로는 비참했다. 그는 현종에게 사랑받기 위해 죽어야 했다.

그러나 양귀비는 자신의 운명을 받아들였다. 아름드리 버드나무 근처에서 목이 졸려 죽을 때에도 당당한 자태를 유지했다고 한다. 그 후 양귀비의 유해는 행방이 묘연해졌다. 과연 어디에 묻혔을까?

그런데도 '양귀비 무덤'이라는 사적이 오늘날 중국에 존재한다. 3대째 기록에 남아 있다는 이 묘를 시멘트로 에워싼 이유는 '미인이 되는 영약'이라며 무덤 흙을 훔쳐 가는 사람이 워낙 많아 묘 훼손을 막기 위해서였다고 한다. 죽어서도 안식을 얻지 못한 양귀비를 생각하면 참으로 안타깝다는 생각이 든다.

EPISODE

13

나폴레옹과 조제핀의 기묘하고도 엽기적인 사랑

'무서운 여자'에게 쉽게 매혹된 독특한 여성 취향의 나폴레옹

천하의 영웅으로 널리 알려진 19세기의 위대한 황제 나폴레옹 보나파르트(Napoléon Bonaparte, 재위 1804~1814, 1815~1815)는 취향이 독특했다. 흥미롭게도 그는 '무서운 여자'를 좋아해 쉽게 끌렸다.

'무서운 여자'란 어떤 유형의 여자일까? 그리고 무서운 여자는 '나쁜 여자'와 어떻게 다를까? 나쁜 여자와 무서운 여자는 겉보기에 비슷하고 행실 면에서도 큰 차이가 없어 보이기 쉬우나 본질은 확연히 다르다. 무서운 여자에게는 악의가 없어 보인다. 그러면서도 부드러운 미소를 띤 채 태연하게 상대방, 심지어 연인의 등에도 칼을 꽂을 수 있는 사람이다. 그런 사람이기에 남자도 진심으로 그를 대한다. 나폴레옹은 특이하게도 그런 유형의 여자에게 쉽게 끌렸다.

작가 지망생이던 청년 나폴레옹은 같은 반 친구와 함께 『사랑에 관한 대담(Parallèle entre l'amour de la patrie et l'amour de la gloire)』이라는 제목의 수필집을 냈다. 1787년 학창 시절의 일이다.

나폴레옹은 자신의 글에서 "사랑의 존재를 부정해야 한다. 사랑은 사회와 인간 개인에게 유해하다. 요컨대 불행 이상의 것을 가져온다"라며 비관적 연애론을 펼쳤다. 이런 그의 생각은 조제핀(Joséphine de Beauharnais, 1763~1814)이라는 여인을 만난 뒤 극적으로 바뀐 것으로 보인다. 그리고 나폴레옹은 청년 시절 자신의 말대로 불행해졌다.

조제핀의 작은 들창코, 총기 없는 푸른 눈, 치열이 고르지 못해 어색해지는 웃음도 나폴레옹의 저돌적 사랑을 방해하지 못하다

조제핀은 나폴레옹보다 여섯 살 연상이었다. 게다가 나폴레옹과 본격적으로 관계를 맺기 시작하던 그 즈음 그는 이미 두 아이를 둔 과부였다. 조제핀은 첫 번째 실패한 결혼에서 아무것도 배우지 못한 듯했다.

서른 살을 막 넘긴 당시에도 거리낌 없이 유흥을 즐기던 여인. 피부는 한창 때의 탄력을 잃고 미모도 예전 같지 않았다. 자그마한 코는 살짝 들창코였고 푸른 눈에는 총기가 없었다. 게다가 치열도 고르지 못해 웃을 때 이가 보이지 않도록 애쓰곤 했다.

이런 식으로 조제핀의 사소한 결점을 지적하자면 끝이 없을 것 같다. 그러나 어쨌든 그는 풍만한 가슴을 가진 데다 전체적인 분위기에서 느껴지는 요염함이 뭇 남성들의 눈에 매력적으로 비쳤던 모양이다.

미망인이 된 조제핀은 자신의 후원자가 되어줄 남성을 물색하면서 예전부터 알고 지낸 폴 바라스라는 정치인에게 눈독을 들이고 있었다. 그 바라스의 살롱에 나폴레옹이 드나들면서 두 사람이 운명적으로 만났다는 설도 있다.

'조제핀'이라는 그의 이름은 나폴레옹이 지어준 것이다. 나폴레옹은 바라스를 비롯해 모든 사람이 그를 '로즈'라고 부르는 상황이 내심 못마땅했다. 그래서 나폴레옹은 그의 본명인 마리 조제프 로즈 타셰 라 파저리(Marie Josèphe Rose Tascher de la Pagerie)에서 '조제프'라는 중성적 이름을 여성스럽게 '조제핀(Joséphine)'으로 바꿔 부르자고 제안했다고 한다.

로즈이자 조제핀인 이 여인에게는 빚도 있었다. 그는 즉 결혼(재혼) 시장에서 명백히 흠이 많은 매물이었으나 그에게 홀딱 빠진 나폴레옹은 앞뒤 가리지 않고 저돌적으로 구애하기 시작했다.

시종일관 나폴레옹을 '자동현금지급기' 취급한 조제핀

조제핀은 의외로 남자 보는 눈이 까다롭지 않았다. 오로지 '돈'과 '권력'만 보고 남편감을 골랐다. 조제핀은 나폴레옹의 장래성을 보고 그와의 결혼을 밀어붙였다. 말하자면 철저히 계산기를 두드린 결과였다.

조제핀은 빚을 갚고 자식을 키우는 데 도움이 되는 '괜찮은 남자'를 잡으면 그만이라는 생각이었기에 밀고 당기는 복잡한 과정 없이 나폴레옹의 구애를 비교적 쉽게 받아들였다. 그런데 조제핀이 나폴레옹을 노골적으로 무시했다는 정황 증거는 결혼생활 초기부터 찾아볼 수 있다.

1796년 3월 8일 공증인이 작성한 결혼 계약서에는 "남편은 아내에게 평생 1,500리브르의 연금을 지급한다"와 같은 남자에게 불리한 조항이 포함되어 있다. 계약서만 보면 싫다는 조제핀과 억지로 결혼하면서 요구를 다 들어주는 분위기가 느껴진다.

두 사람의 혼인 증명서에는 나폴레옹보다 여섯 살 연상인 조제핀은 나이를 속여 '스물여덟 살'이라고 기재했다. 프랑스가 아닌 해외에서 태어나 호적을 입수하기 어렵다는 허점을 파고든 일종의 사기행위였다. 나폴레옹과 결혼할 당시 그는 실제로 서른두 살이었다.

사실 나이를 속이기는 나폴레옹도 마찬가지였다. 그는 조제핀과는 반대로 실제보다 두 살을 더해 '스물여덟 살'이라고 기재했다. 나폴레옹이 자기 나이를 속인 이유를 정확히 알 수는 없으나 세간의 이목을 의식하던 그가 연하의 남편으로 보이고 싶지 않았기 때문일 가능성이 크다. 아무튼 사랑에 빠져 눈에 보이는 게 없는 남자를 결혼이라는 계약으로 묶는 데 성공한 조제핀의 수완에 혀를 내두를 수밖에 없다.

군인이던 나폴레옹은 결혼 후 얼마 지나지 않아 이탈리아로 출장을 떠났는데, 아내 조제핀에게 엉망진창인 철자법으로 "이탈리아로 와달라"는 열정적인 편지를 꾸준히 보냈으나 조제핀은 답장조차 하지 않았다.

> 빨리 (이탈리아로) 와주오. (중략) 당신이 없는 상황을 더는 견딜 수 없소. (중략) 당신 가슴에 한 번, 그리고 더 아래로, 더 아래로 한 번 입맞춤을 보내오!

이런 식으로 기분이 좋을 때는 낯 뜨거운 표현도 곧잘 섞어서 썼다. 그러다 기분이 가라앉으면 본심을 토로하는 편지를 지치지도 않고 보냈다.

> 내 상상력은 당신이 무엇을 생각하는지를 떠올리는 동안 다하고 말았소. 당신이 침울해 하는 모습을 보면 내 가슴은 갈가리 찢어져 고통스럽다오.

NAPOLEON BANK
ATM

그러나 조제핀은 나폴레옹을 보고 싶어 하지 않았다.

프랑스 작가 스탕달이 남긴 기록에 따르면, "한 끼 식사를 마치는 데 6분밖에 걸리지 않을 정도로 빨리 먹기로 유명한 나폴레옹은 성적인 면에서도 성미가 급했는지 한 번 관계를 맺는 데 걸리는 시간이 '식사 시간보다도 짧았다'"고 한다.

같이 지낼 때 서로 눈만 마주치면 성관계를 요구하던 나폴레옹에게 진절머리가 난 조제핀은 "임신했습니다. 그러니 이탈리아에는 못 가요"라고 태연히 거짓말하는 편지를 보냈고 나폴레옹은 몹시 실망했다.

그러나 그리 오래 지나지 않아 조제핀의 몸을 실컷 탐닉하던 나폴레옹이 조제핀에게 질린 듯한 반응을 보이며(질렸다기보다는 어떤 면에서는 이성을 되찾았다고 해야 할까?) 후계자 문제에 이상하리만치 집착하는 모습을 보면 제정신인가 싶은 생각이 들 정도다.

아내 조제핀의 상습적인 거짓말과 사치, 간통행위에 머리끝까지 화난 나폴레옹, 이혼을 결심하다, 그러나……

조제핀의 외도 행각이 나폴레옹에게 마침내 들통났다. 결혼 후 2년이 지난 1798년 여름의 일이다. 엎친 데 덮친 격으로, 나폴레옹이 이탈리아에서 보낸 열렬한 연애편지를 조제핀이 "그이가 머리가 이상해졌나 봐"라고 낄낄거리며 친구에게 보여주며 웃음거리로 만들었다는 소식이 나폴레옹의 귀에 들어갔다.

나폴레옹이 이탈리아에서 군복무 중인 동안 그가 '전사했다'라는 오보를 전해 들은 조제핀이 "유족 연금을 받아 한몫 크게 챙길 수 있겠어!"라며 신이 나서 지인들에게 떠벌리고 다닐 무렵 나폴레옹이 귀국했다는 소식이 그에게 들려왔다. 이에 조제핀은 "남편을 만나러 가야 해"라며 파랗게 질려 허둥댔다는 일화도 전해진다.

이탈리아에서 돌아온 나폴레옹은 아내 조제핀과 이혼을 결심했고, 처음에는 만나려 하지 않았다. 그의 거짓말, 간통행위와 더불어 구멍 뚫린 그릇에 물을 채우듯 엄청난 액수의 빚을 갚아주기가 지긋지긋해졌을 수도 있다. 그러나 조제핀이 울며불며 바짓가랑이를 붙잡고 매달리고 그의 자식들이 '어머니를 용서해달라'며 눈물로 간청하자 마음이 약해져 그를 용서해주고 말았다.

조제핀이 전형적인 '무서운 여자'인 이유

아이러니하게도 조제핀은 나폴레옹을 운수대통하게 해주는 '행운의 부적' 같은 여인이었다. 군대에서 승승장구하던 나폴레옹은 의회의 승인과 국민투표를 거쳐 프랑스 황제 자리에 올랐다. 1804년의 일이다. 당연히 조제핀도 황후 자리를 꿰찼다. 그러나 두 사람의 결혼생활은 오래가지 않았고 결국 파경을 맞이했다.

나폴레옹은 조제핀과의 사이에 후사를 기대할 수 없다는 점을 이유로 '이혼식'을 열었다. 그 자리에서 그는 이혼 후에도 전처인 조제핀을 성심성의껏 보살펴주겠다고 선언했다. 이는 나폴레옹이 황제가 된 지 6년 만인 1810년의 일이다.

조제핀은 나폴레옹과 이혼하기 싫다며 이혼식 자리에서 닭똥 같은 눈물을 흘리며 억울함을 호소했다고 한다. 그런데 그는 실제로는 자신이 왜 우는지 이유를 알지 못하지 않았을까. 그도 그럴 것이 이혼 후에도 그는 화려한 저택과 막대한 연금, 황후의 칭호까지 유지했으니 말이다.

'볼꼴 못 볼꼴 다 보이고 만년에 조제핀이 나폴레옹을 진심으로 사랑하게 되었다'라는 식의 세간의 주장은 역시 근거 없는 속설일 가능성이 크다. 정말로 '무서운 여자'란 조제핀처럼 도무지 속을 알 수 없는 여자가 아닐까.

3

평범함 속에 감춰진 비범함으로 세계사를 뒤흔든 기묘한 인물 이야기

EPISODE

14

로마노프 왕조를 멸망으로 몰고 간 악마 성직자 라스푸틴

러시아제국을 멸망으로 몰고 간 니콜라이 2세와 알릭스 황후의 '운명적' 만남

러시아제국의 최후를 보면 망조가 들어 나라가 망했다는 인상이 강하다. 그리고 그 '망조'의 짙은 그늘에는 그리고리 라스푸틴(Grigori Efimovich Rasputin, 1869~1916)이라는 기괴하고도 엽기적인 인물이 음습하게 자리하고 있었다.

황제 부부를 포함한 러시아제국 상류계급 사람들은 마치 집단 최면에라도 걸린 듯 수상한 수도자 라스푸틴의 정신적 포로가 되었다. 특히 1914년 제1차 세계대전에 러시아가 참전한 뒤

1917년 러시아혁명이 일어날 때까지 몇 년 동안 러시아 궁정은 라스푸틴의 주술에 지배받는 상황이었다.

라스푸틴은 황제 부부의 마음을 교묘히 파고들며 조종했다. 러시아의 마지막 황제가 된 니콜라이 2세(Nicolai II Alexandrovich Romanov, 재위 1894~1917)는 황후 알릭스(Alix von Hessen-Darmstadt, 이후 알렉산드라 표도로브나Alexandra Feodorovna)와 연애 결혼했다. 중매와 정략결혼이 일반적이던 시대에 보기 드문 왕족끼리의 연애결혼으로, 니콜라이의 어머니를 포함한 러시아 황족 중에는 알릭스와의 결혼을 탐탁지 않게 여기는 사람이 많았다.

영국 빅토리아 여왕(Victoria, 재위 1837~1901)의 외손녀이자 헤센 대공 루트비히 4세(Ludwig IV)의 딸인 알릭스는 내성적인 성격이라 러시아 황제의 황후로는 적합하지 않다는 것이 당시의 중론이었다. 그런 분위기 속에서 주위의 극심한 반대를 무릅쓰고 니콜라이는 알릭스와 결혼했다.

아마도 두 사람은 서로 상대방에게서 자신과의 공통점을 발견하고 끌렸던 게 아닌가 싶다. 그도 그럴 것이 내성적이고 조금 어리숙한 알릭스와 마찬가지로 러시아인치고는 비교적 작은 체구에 섬세한 성격의 소유자인 니콜라이 역시 수줍음이 많은 내성적 성격의 소유자였기 때문이다.

그러나 그런 두 사람의 결혼은 결과적으로 거대한 제국 러시아를 파멸로 몰고 갔다.

"나는 세 명의 딸을 낳았다. 그중 하나는 여제가 되겠지"

알릭스의 친정인 헤센 대공 가문에는 19세기 중반 이후 유독 불행한 죽음을 맞이하는 사람이 많아 '저주받은 집안'으로 유럽 상류계급 사이에 소문이 파다했다.

알릭스는 부모에게서 혈우병 유전자를 물려받았다. 혈우병은 혈액 응고 성분이 부족해 상처가 생기면 멈추지 않는 위험천만한 병이다. 한데 엎친 데 덮친 격으로, 세 명의 딸을 낳은 후 겨우 얻은 귀한 아들인 알렉세이 황태자에게도 혈우병 증상이 나타났다.

알릭스는 단순히 내성적이라기보다 '자신의 세상에서 자신이 정한 규칙대로 살기를 고집하는 꽉 막힌' 여성이었다.

"나는 세 명의 딸을 낳았다. 그중 하나는 여제가 되겠지."

이 말은 알릭스의 성격을 엿보게 하는 것으로, 그는 진심으로 자신의 딸 중 하나가 황제가 되리라 믿어 의심치 않았다.

그러나 그 생각은 실현되기 어려운 몽상에 가까웠다. 왜냐하면 러시아제국에서는 19세기 초 황실 전범이 개편되어 여성이 황제가 되는 것이 불가능했기 때문이다. 그런데도 알릭스는 그런 엄연한 현실을 외면했고 현실성 없는 생각을 고집스럽게 붙잡고 있었다. 그는 자신이 '알고 싶지 않은 진실'에서는 애써 눈을 돌리는, 아집과 유약함이 공존하는 묘한 인물이었다.

이런 성격을 지닌 여성이 황후의 자리에 올랐기 때문에 그리고리 라스푸틴이라는 수상하고 위험천만한 인물이 러시아제국 전체를 제멋대로 주무를 수 있었다. 그리고 그 결과 러시아제국 자체가 파멸을 향해 가는 최악의 상황으로 치달았다. 러시아제국의 붕괴는 다양한 우연이 가장 불행한 최악의 그림을 그리도록 겹겹이 칠해진 결과였다.

알릭스 황후는 왜 '수상한 편지'를 쓴 장본인이 자신임을 순순히 인정했을까

1905년, 기도로 병을 치유하는 신통한 영력을 발휘하는 그리고리 라스푸틴이 황제 부부를 알현했다. 이후 혈우병을 앓는 황태자를 몇 번이나 위기에서 구해주면서 황후는 라스푸틴을 절대적으로 신뢰하고 '사랑'하게 되었다.

> 내 사랑하는 스승이여 (중략) 당신이 제 곁에 앉아 제가 당신 손에 입맞춤하고, 당신의 행복으로 충만한 어깨에 지긋이 머리를 기댈 때 (중략) 제 가슴은 벅찬 환희를 맛봅니다. (중략)
> 빨리 와주세요. 당신을 기다리고 있답니다. 당신을 생각하면 가슴이 먹먹해집니다. (중략) 영원히 당신을 사랑하는 M(어머니의 줄임말)으로부터.

이 편지는 라스푸틴의 정적이자 경쟁자이던 성직자 일리오도르(Iliodor)에 의해 유출되어 라스푸틴 반대파가 제작한 팸플릿에 인쇄되어 국회의원들 사이에 뿌려졌다. 1912년 초 무렵의 일이다. 편지를 본 황제는 얼굴이 새파랗게 질렸고 황후의 필적임을 인정할 수밖에 없었다. 당황한 황제는 황급히 편지를 낚아채 서랍 속에 신경질적으로 구겨 넣었다.

황후는 자신이 쓴 편지라는 것을 순순히 인정했다. 황후는 자신이 라스푸틴을 향해 존경의 감정이 아닌 연애 감정을 품고 있다고는 추호도 생각하지 않았기 때문이다. 그의 입장으로는 불륜이 아니었기에 일말의 죄책감도 없었다.

황제는 황제대로 몇 번이고 혈우병으로 발작을 일으켜 의사들이 손 쓸 수 없는 상태에 빠진 황태자를 라스푸틴이 오직 기도의 힘으로 치유해준 공을 모른 척할 수 없는 상황이었다.

라스푸틴은 과연 거대한 성기의 소유자였을까

황제 부부를 세뇌했다고 해도 지나치지 않을 정도로 지배하고 조종한 라스푸틴은 마찬가지 수법으로 러시아 상류사회 여성들을 자신의 포로로 만들었다.

라스푸틴이 그들에게 보여준 무시무시한 '종교의식'이 있다. 그는 모든 여성을 죄인으로 간주했다. 또한 여성을 죄 많은 존재로 만드는 것은 육욕과 성욕이며 그 '음란 마귀를 몰아내는' 의식을 치러야 한다고 믿고 기괴한 의식을 행했다.

라스푸틴은 종교의식을 내세워 문란한 성관계를 끝도 없이 되풀이했다. 부정한 대상과 접촉하는 행위를 성직자인 자신은 절대 하고 싶지 않지만 불행한 여성을 구원하기 위해 어쩔 수 없는 일이라고 진심으로 믿었다. 그는 자기 몸을 희생해 자신을 믿고 따르는 여성 신도를 구원해야 한다고 생각했다. 라스푸틴의 여성 신도 역시 그렇게 믿었다.

라스푸틴이 주기적으로 치른 이 의식에 참여한 여성 신자에 러시아 황후가 포함돼 있다는 증거는 물론 없다. 그러나 러시아인들은 예로부터 황제 부부의 모습이 곧 제국을 반영한다는 사고방식을 가지고 있었다. 제국 말기 몰락의 길에 접어든 러시아는 그야말로 캄캄한 암흑 속에 갇혀 있었다.

당대 민중은 왜 그토록 많은 여성이 라스푸틴을 간절히 원하고 집착했는지 의아해했다. 라스푸틴이 비정상적일 정도로 거대한 성기의 소유자라는 소문은 그 당시에도 파다했다. 게다가 소문이 퍼져나가는 과정에 눈덩이가 커지듯 부풀려지게 마련이다.

(40대 중반을 넘어서도) 여전히 다부진 몸을 유지했다. 혈색이 좋고 날렵해 그 나이대라면 으레 붙게 마련인 두툼한 뱃살도 없으며 탄탄한

R
R

복근을 자랑했다.

나이를 먹으면 거무스름해지거나 시들시들한 갈색으로 변하는 성기에도 칙칙한 반점 하나 찾아볼 수 없을 정도로 깨끗했다.

당시 라스푸틴의 '근사한 몸'과 '아름다운 성기'를 목격했다고 증언한 이가 있다. 그즈음 러시아 출판업계에서 열정적으로 활동하던 알렉세이 필리포프라는 남성이 바로 그다. 한데 그는 라스푸틴 성기의 크기에 관해서는 구체적으로 언급하지 않았다.

라스푸틴은 부자가 된 후에도 서민적 생활습관을 고수했다. 라스푸틴은 대중목욕탕을 즐겨 찾았기에 그의 알몸을 본 사람도 적지 않았다. 당시 목격자들에 따르면, 그는 나이에 맞지 않는 기묘하리만치 젊은 육체의 소유자였다.

라스푸틴을 좋아하고 따랐으며 좋은 관계를 유지한 유수포프가 그를 암살하기로 마음을 바꾼 결정적 이유는?

외출에서 돌아와 옷을 갈아입고 잠자리에 든 라스푸틴을 찾아온 방문객이 있었다. 그는 약속된 시간보다 일찍 어딘가로 라스푸틴을 데리고 가기 위해 온 것이다. 1916년 12월 30일로 날짜가 막

바뀐 새벽녘의 일이다.

뒷문으로 들어온 청년에게 라스푸틴은 친근한 목소리로 "어이, 꼬맹이" 하며 말을 걸었다. 청년의 이름은 펠릭스 유수포프(Felix Yusupov), 니콜라이 2세의 조카사위로 백작 작위를 가지고 있었다. 그는 러시아 황족 출신의 아리따운 아내와 어린 딸을 둔 가장으로 라스푸틴의 열렬한 남성 신도이기도 했다.

라스푸틴은 신도를 성별로 차별하지 않았다. 그는 '음란 마귀를 몰아내는 의식'을 남녀 모두에게 공평하게 베풀었다. 심지어 동성애로 고민하는 남성 신도를 위해 친히 의식을 거행해주기도 했다. 당시 러시아에서 동성애는 절대적인 금기는 아니었으나 공공연히 드러낼 만한 일도 아니었다.

유수포프는 처음엔 라스푸틴을 혐오했다. 그를 조롱하기 위해 여장한 채 그의 처소를 찾았다. 그런데 그의 정체를 한눈에 간파한 라스푸틴에게 면박을 당하고 따귀를 맞았다.

그 일이 있은 뒤로 유수포프는 라스푸틴을 좋아하고 따르게 되었다. 라스푸틴 역시 유수포프를 '꼬맹이'라고 부르며 귀여워했다.

두 사람의 관계는 겉으로는 평화로웠고 아무 문제가 없어 보였다. 그러나 단순한 라스푸틴과 달리 유수포프는 동성애 취향이 있고 여장을 즐기면서도 러시아 황족 출신 아내에게 좋은 남편의 이미지를 심어주려고 애썼다. 그렇기에 유수포프는 남에게 차마 말할 수 없는 복잡한 속마음을 숨기고 있었다.

유수포프는 라스푸틴을 살해하기로 마음먹었다. 그의 결심은 정치적 동기에서 나온 것이었다. 좀 더 구체적으로, 유수포프는 군인 신분으로 전쟁을 지지했기에 제1차 세계대전의 전장에서 러시아제국을 조기에 퇴각시키기 위해 황후를 움직이려는 라스푸틴의 입을 다물게 할 심산이었다.

아무것도 눈치채지 못한 라스푸틴은 자동차를 타고 유수포프와 함께 그의 저택으로 갔다.

완벽하게 무방비한 라스푸틴의 모습을 보면 그가 유수포프를 얼마나 깊이 신뢰했는지 알 수 있다.

이는 라스푸틴을 암살하려는 계획에 협력했던 드미트리 파블로비치 대공이 남긴 회상록의 한 구절이다.

유수포프의 저택에 도착한 라스푸틴은 지하실로 안내되었다. 그곳에서 유수포프의 미모의 아내를 소개받을 예정이었다.

"지금 제 아내가 한창 파티를 하는 중이라 빠져나오기 힘든 모양입니다. 곧 손님들이 돌아갈 터이니 그때까지 이곳에서 차와 케이크를 드시면서 잠시만 기다려주십시오."

유수포프가 라스푸틴에게 다과를 권했다. 식탁에는 암살 계획에 가담한 의사들이 치사량의 청산가리를 섞어둔 죽음의 다과상이 차려져 있었다.

치명적 독이 든 와인을 세 잔이나 마셔도 죽지 않는 괴물 라스푸틴

그러나 유수포프의 라스푸틴 암살 계획에는 치명적 결함이 있었다. 왜냐하면 성직자인 라스푸틴은 케이크 같은 달콤한 음식을 평소 입에 대지 않았기 때문이다. 그런 터라 처음에 라스푸틴은 다과를 거절했다.

계획이 시작부터 틀어지자 머릿속이 새하얘진 유수포프는 라스푸틴을 지하실에 남겨 둔 채 위층에 있는 아내를 보고 온다는 구실로 사다리를 타고 올라갔다. 드미트리 대공과 다른 협력자에게 달려간 그는 거의 울 것 같은 얼굴로 라스푸틴이 다과를 입에도 대지 않는다고 하소연했다.

그런데 유수포프가 마음을 다잡고 지하실로 돌아왔더니 라스푸틴은 무슨 생각에선지 케이크를 먹고 차를 홀짝였다. 그러더니 잠시 후 와인까지 마시기 시작했다. 그 모든 음식에는 치사량의 독이 들어 있었다.

그런데 말도 안 되는 일이 벌어졌다. 독이 라스푸틴에게 효과를 발휘하지 못한 것이었다. 라스푸틴은 죽지 않고 그야말로 멀쩡히 살아 있었다.

라스푸틴이 독이 든 와인을 세 잔째 마실 즈음 유수포프의 회상을 살펴보자.

우리는 마주 보고 앉아 묵묵히 술을 마셨다. 라스푸틴은 나를 바라보았다. 그 눈은 교활하게 웃고 있었다. '가소로운 애송이 녀석아! 네가 아무리 머리를 굴리고 발악해봤자 내 몸 털끝 하나 다치게 할 수 없어!'라고 말하는 듯했다. 그러다가 느닷없이 교활함과 달콤함이 뒤섞인 기묘한 미소를 짓더니 이내 증오의 표정을 드러냈다. 그때까지 나는 그토록 무시무시한 형상을 본 적이 없다. 그는 악마 같은 눈으로 나를 노려보았고, 망연자실해진 나는 머리가 어지럽고 까무러치기 직전의 상태가 되었다.

그러나 이 회상은 어디까지나 유수포프의 뇌리에 떠오른 백일몽 같은 망상에 지나지 않았다. 실제로 라스푸틴은 속이 불편하다며 소파에 눕더니 방구석에 세워져 있던 기타를 보고 유수포프에게 밝은 느낌의 노래를 불러 달라고 요청했다.

"이 악몽이 두 시간 넘게 이어졌다."

독약을 잔뜩 마시고 총을 맞아도 죽지 않는 라스푸틴,
그는 과연 악마였을까?

독이 든 차와 와인을 마시고도 죽거나 쓰러지기는커녕 멀쩡해 보이는 라스푸틴을 보고 손 쓸 방도가 없어진 유수포프는 다시 위층으로 올라갔다. 진땀을 흘리고 안절부절못하며 협력자들에게 어떻게 해야 좋을지 방도를 알려달라고 애원했다. 그러자 드미트리 대공이 권총을 유수포프에게 건넸다.

가까스로 정신을 차린 유수포프는 권총을 등 뒤에 숨기고 지하실로 돌아갔다. 라스푸틴은 유수포프가 권총을 지니고 있다는 사실을 알아채지 못했다. 그런데도 이미 공포에 질려 사색이 된 유수포프는 덜덜 떨리는 손발을 감추기 급급했다.

그 후 유수포프는 자신이 어떻게 행동했는지 다음과 같이 회상했다.

> 나는 크리스털로 만든 그리스도의 십자가상에 다가갔다.
>
> "저는 이 십자가를 무척 좋아합니다."
>
> "나는 이 (장치가 달린) 서랍이 더 재밌는데." (중략)
>
> "그리고리 예피모비치, 십자가를 보고 기도나 드리시죠." (중략)
>
> 나는 느린 동작으로 연발 권총을 들어 올렸다. 라스푸틴은 꿈쩍도 하지 않고 내 앞에 버티고 섰다. 그의 시선은 십자가에 못 박혀 있었다. 그 순간, 나는 총을 발사했다. 라스푸틴은 짐승처럼 기괴한 신음을 내뱉으며 바닥에 깔린 곰 가죽 위로 나자빠졌다.

총소리를 들은 유수포프의 협력자들이 서둘러 지하실로 내려갔다. 그들은 곰 가죽 위에서 경련을 일으키며 신음하는 라스푸틴의 모습을 발견했다.

유수포프는 일단 협력자들과 함께 지하실 밖으로 나왔다. 그때 갑자기 그의 마음에 라스푸틴의 시신을 한 번 더 보고 싶은 욕구가 솟아났다. 그는 조용히 혼자 지하실로 내려가 라스푸틴의 시신 앞에 섰다. 그때 그의 눈앞에서 입이 다물어지지 않는 광경이 펼쳐졌다.

> 자리를 뜨려는 순간, 내 시선에 그의 왼쪽 눈꺼풀이 희미하게 떨리는 것이 포착되었다. 그때 그의 얼굴이 경련을 일으키는 듯 부르르 떨렸다. 그리고 그 떨림이 점점 더 거세어졌다. 그러더니 라스푸틴은 왼쪽 눈을 부릅떴다. 이내 오른쪽 눈꺼풀도 바르르 떨리고 양쪽 눈이 악마처럼 증오의 표정을 띤 채 나를 잡아먹을 듯 노려보았다.

유수포프는 너무 놀라 큰 소리로 비명을 질렀다. 그의 비명은 저택 안에 울려 퍼졌다. 곧 이어 라스푸틴이 젖 먹던 힘까지 짜내어 일어서더니 야수처럼 울부짖으며 유수포프에게 덤벼들었다. 쇠갈퀴처럼 어깨를 파고드는 라스푸틴의 손가락……. 유수포프는 타는 듯한 통증을 느끼며 라스푸틴을 바닥에 찍어 눌러 제압했다. 그러고는 부들부들 떨리는 다리로 지하실 사다리를 기어올라 위층으로 올라갔다. 그러자 라스푸틴도 유수포프의 뒤를 쫓아 어기적어기적 사다리를 오르기 시작했다.

"내가 죽으면 황제 일가도 몰살당한다"

한 협력자가 이변을 알아차리고 달려왔다. 그의 눈앞에서 영화의 한 장면 같은 놀라운 장면이 펼쳐지고 있었다. 조금 전 지하실에서 총을 맞고 이미 죽었어야 할 라스푸틴이 몸을 좌우로 흔들며 눈밭을 비척비척 달려가고 있었다. 라스푸틴의 발은 점점 더 빨라졌다.

"펠릭스(유수포프의 이름), 이 무엄한 놈아! 황후에게 네놈이 한 짓을 고하겠다."

악을 쓰는 라스푸틴의 등에 두 발의 총탄이 날아들었다.

드디어 움직이지 않게 된 라스푸틴의 시신을 두툼한 모직 천으로 감싸 밧줄로 꽁꽁 묶은 상태로 자동차에 실어 상트페테르부르크 시내를 흐르는 네바강까지 운반했다. 꽁꽁 언 강의 얼음을 깨고 라스푸틴의 시신을 던져 넣었다.

새벽 다섯 시가 지나서야 모든 작업이 끝났다. 그제야 일행은 마음을 놓고 해산했다.

라스푸틴을 살해한 날 아침 이후 사흘이 지난 이른 아침, 네바강의 어느 다리 아래에서 라스푸틴의 시신이 떠올랐다. 유수포프의 저택에서 분명 튼튼한 밧줄로 여러 차례 친친 감고 묶었던 터라 누군가가 일부러 밧줄을 풀거나 끊지 않고는 저절로 풀릴 수 없는 상태였다. 그런데도 라스푸틴은 밧줄이 모두 풀린 상태로 마치 누군가를 위협하는 듯 양팔을 높이 들어 올린 상태로 발견되었다. 치사량의 독을 잔뜩 마시고, 권총 세 발을 맞고, 밧줄에 꽁꽁 묶인 채 강바닥에 가라앉은 라스푸틴은 도대체 어떻게 밧줄을 풀고 물 위로 떠오를 수 있었을까? 그는 과연 인간이 아니었을까?

라스푸틴이 자신의 죽음을 직접적으로 예언하지는 않았으나 여러 사람에게 다음과 같이 말했다는 증언이 있다.

"내가 죽으면 황제 일가도 몰살당한다."

황후는 라스푸틴의 묘를 찾아가 그의 죽음을 애도하며 "우리는 계속 함께일 거예요"라고 중얼거렸다고 한다.

황제와 황후, 그리고 네 명의 자녀를 포함한 황제 일가는 라스푸틴의 예언대로 모두 사살되었다. 1918년 7월 17일 새벽의 일이다. 라스푸틴이 죽고 난 뒤 2년도 지나지 않아 300년 넘게 이어 내려온 로마노프 왕조가 허무하게 무너졌다.

EPISODE

15

인류가 낳은 가장 유명하고 논쟁적인 예언가 노스트라다무스

나치스 독일이 중요한 군사 작전을 계획하고 결정할 때 노스트라다무스의 시를 참고했다는데?

인류가 낳은 가장 유명한 예언가 노스트라다무스(Nostradamus, 1503~1566). 그가 세상을 떠난 후 400년 넘는 긴 시간이 지났으나 그의 인기는 여전히 사그라질 줄 모른다. 그도 그럴 것이 노스트라다무스의 예언 자체를 마치 종교처럼 맹신하고 신봉하는 풍조마저 생겨났기 때문이다. 수많은 종교에 종말론이 있지만 노스트라다무스의 예언은 특히 종말론적 요소가 두드러졌다.

Google
NOSTRDAMUS PREDICTIONS

노스트라다무스가 남긴 유명한 예언 중 '세계의 멸망'에 관한 예언을 예로 들어 살펴보자. 프랑스 고어로 쓴 원고는 직역하면 다음과 같다.

> 1999년 7개월, 하늘에서 공포의 대왕이 내려오리라. 앙골무아의 위대한 왕이 부활하리라. 화성을 전후로 성공적으로 지배하리라.(『예언집(Les Prophéties)』 백시편 제10권 72번)

원문에는 '7월'이 아닌 '7개월'이라고 나온다. 도저히 프랑스인이 프랑스어로 썼다고는 생각할 수 없는 엉성한 문장이다. 게다가 이 시에는 '인류 멸망'이 전혀 언급되지 않았다. '공포의 대왕'이나 '앙골무아의 위대한 왕'이라는 수수께끼 같은 단어가 우리의 상상력을 자극해 이 시를 제멋대로 해석하게 만든다.

그런데 20세기 중반을 지날 때까지만 해도 이 시는 그다지 주목받지 못했다. 그러다 전 세계적으로 기존 질서가 붕괴하기 시작하며 세기말적인 분위기가 조성되자 시에 감도는 기묘한 분위기와 세기말적 분위기가 절묘하게 어우러지면서 전 세계인들은 기이한 현실감을 느낀 게 아닌가 싶다.

예언 시 한편으로 16세기 프랑스 초능력자 노스트라다무스는 죽은 지 400년이 지난 뒤에도 유명세를 유지했다. 심지어 20세기 중반까지 나치스 독일이 중요한 군사 작전을 계획하고 결정할 때 그의 시를 참고했을 정도다(노스트라다무스가 유대계 프랑스인이라는 사실은 애써 무시한 모양이다). 1999년이 가까워지면서 노스트라다무스의 종말 예언으로 전 세계 곳곳에서 신흥종교가 기승을 부리기 시작했다.

애매모호한 예언으로 전 세계인의 정신을 쥐락펴락한 노스트라다무스 자신이야말로 '공포의 대왕'이 아닌가 하는 생각도 드는데, 어쨌든 생전에 그의 예언은 신통하게도 적중했다. 게다가 살아 있는 동안 상당히 정확하게 족집게처럼 예언하는 영험한 신통력으로 전 유럽 내에서 명성이 자자했다.

프랑스 국왕 앙리 2세의 비참한 죽음과 발루아 왕조의 몰락을 정확히 예언한 노스트라다무스

노스트라다무스는 제자들에게 "나에게는 신령이 내려주신 직감이 있다"라고 공공연히 말하곤 했다. 쉽게 말해 그는 신령한 눈으로 미래를 내다볼 수 있다고 주장한 셈이다. 기록에 남은 예언 중 적중해서 유명해진 예는 그가 프랑스 국왕의 사고사를 예언한 것이다.

1555년 5월 4일, 노스트라다무스의 『예언집』이 출간되었다. 그의 책은 입소문을 타고 퍼져나가 궁정 귀족 사이에서 커다란 반향을 불러일으켰다.

당시 프랑스 왕비 카트린 드 메디시스(Catherine de Médicis)는 프랑스에서 누구나 알 정도로 유명한 오컬트 마니아로 점성술과 각종 주술에 심취했다. 그는 노스트라다무스의 『예언집』 백시편 제1권 35번 예언을 읽고 이상한 감각에 휩싸였다.

> 젊은 사자가 늙은 사자를 넘어서리라. 싸움터에서 단 한 번의 싸움으로. 황금 갑옷 속의 두 눈을 찌르리라.

노스트라다무스 특유의 수수께끼처럼 에둘러 말하는 시에서 '늙은 사자'는 자신의 남편 앙리 2세(Henri II, 재위 1547~1559)를 가리킨다고 왕비는 직감했다.

남프랑스에 살던 노스트라다무스는 왕실이 마련해준 말을 바꿔 타고 왕궁이 있는 파리로 향했다. 1555년 여름 어느 날의 일이다. 왕비는 노스트라다무스에게 사자가 나오는 시구를 해석해보라고 다그쳤다.

"국왕 폐하께서 무참한 죽음을 맞이하십니다."

노스트라다무스는 그 예언이 앙리 2세를 향한 것임을 인정했다. 곧이어 노스트라다무스는 국왕을 알현했으나 왕은 예언을 진지하게 받아들이지 않았다.

그리고 얼마 후 그 예언은 적중했다. 1559년, 국왕 부부의 딸 엘리자베스(Élisabeth de France)의 결혼을 축하하기 위한 마상 창 시합이 열렸다. 당시 마흔 살의 앙리 2세는 한때 '기사왕'이라는 별명에 걸맞게 자신의 실력이 녹슬지 않았음을 과시하고 싶었던지 몸소 시합에 나섰다. 그런데 국왕보다 일곱 살(열한 살이라는 주장도 있다) 어린 몽고메리 백작 가브리엘 1세가 힘 조절에 실패했는지 그의 창이 국왕의 오른쪽 눈을 찌르고 들어가 뇌를 관통하는 참사가 일어났다. 그 사고로 국왕은 위독해졌고 당시 의술로는 손 쓸 방도조차 없는 상태에 빠졌다.

슬픔에 잠긴 왕비는 어떻게든 남편을 살리고 싶었다. 그러나 어설프게 치료하는 바람에 죽음의 시기를 늦춰놓기만 했고 국왕이 단말마의 고통을 느끼는 시간만 길어졌다. 며칠 후 의사들의 필사적 치료도 소용없이 국왕은 세상을 떠났다.

국왕의 죽음을 예언한 노스트라다무스는 어떻게 되었을까? 불경죄로 목이 달아났을까? 왕비에서 대비가 된 카트린은 그를 원망하기는커녕 열렬한 지지를 표명했다. 일반적으로 왕가에 불길한 예언을 하면 불경죄로 처벌을 받는데, 노스트라다무스는 예외였다. 카트린은 자식들의 미래를 예언해 달라고 부탁했고, 노스트라다무스는 1564년 '국왕 전속 의사' 칭호를 얻었다.

그 무렵 카트린 드 메디시스의 아들 중 성인이 된 이가 셋이나 있었기에 그중 누군가가 국왕의 자리를 물려받으리라고 누구나 예측할 수 있었다. 그런데 노스트라다무스는 뜻밖의 대답을 했다.

"아드님은 모두 왕이 되십니다."

카트린 드 메디시스의 부탁을 받은 노스트라다무스가 예언 결과를 아뢰었다. 이 말은 무슨 의미였을까? 가까운 미래에 현 왕가의 지배가 끝나리라는 예언이었다. 이번에도 예언은 적중했다. 카트린 드 메디시스의 아들들은 모두 국왕으로 즉위하지만 하나같이 비참한 죽음을 맞이했다.

1564년, 카트린 드 메디시스의 아들 샤를 9세(Charles IX, 재위 1560~1574)를 알현하는 자리에 동행한 노스트라다무스는 수행원 속에 있던 열한 살 귀족 소년을 흘낏 보고 '뭔가'를 직감했다.

노스트라다무스는 소년이 잠에서 깨는 자리에 자신을 은밀히 들여보내 달라고 청했다. 아침에 시종들이 옷을 갈아입히려고 잠옷을 벗긴 소년의 몸을 유심히 관찰하던 노스트라다무스는 '장차 이 소년이 국왕이 될 것이다'라고 확신했다. 사마귀 모양과 위치를 보고 직감했다는데, 이 예언도 적중했다. 훗날 소년은 앙리 4세(Henri IV, 재위 1589~1610)로 왕위에 올랐고, 프랑스 왕가는 부르봉 왕가로 교체되었다.

노스트라다무스 예언의 정확도는 그가 살았던 시대에 한정되었을까? 현대인인 우리에게는 그의 예언이 빗나가는 게 더 행복하다는 생각이 든다.

EPISODE
16

끔찍한 방법으로 사형당하는 범죄자 못지않게 끔찍한 삶을 산 사형집행인 상송 가문

프랑스에서 가장 유명한 사형집행인 가문

옛날 유럽에는 '살인'을 생업으로 삼고 살아가는 사람이 있었다. 사형집행인이 바로 그런 유형의 사람이다. 법률에 의해 살인을 허가받아 사람을 죽이는 특수한 기술을 익힌, 말하자면 '살인 장인'인 셈이다.

그렇다면 어떤 사람이 어떤 과정을 거쳐서 사형집행인이 될까? 물론 사형집행인이 되는 데 필요한 공적 자격 따위는 존재하지 않았다. 그저 국가가 기구한 운명을 타고난 누군가에게 '너와 네 자손에게 이 일을 맡긴다' 하는 식으로 특정한 사람들이 그 지위를 부여받았다.

이제 프랑스에서 가장 유명한 사형집행인 가문 상송(Sanson)가의 이야기를 해볼까 한다. 이 가문은 200년 가까이 사형집행인의 직무를 도맡다시피 하며 왕가에 봉사했다.

한때 상송 가문의 장손은 '무슈 드 파리(Monsieur de Paris)'라는 귀족에게나 어울릴 만한 호칭으로 불리며 국가가 지급하는 엄청난 보수를 받고 호화로운 저택에서 그야말로 귀족처럼 호사스러운 생활을 했다.

그러나 프랑스에서는 사형집행인 가문의 이름은 공표되지 않았고 가족도 기피와 차별의 대상이 되었다. 물론 자유로운 연애도 불가능했으며 각지에서 같은 생업에 종사하는 집안끼리 결혼하는 수밖에 없었다. 그리고 그들은 사형 집행 명령이 내려올 때까지는 공적으로 존재하지 않는 사람 취급을 받았다.

"왕비 마마, 프랑스에는 훨씬 끔찍한 처형이 있사옵니다"

베르사유궁에서 로베르 프랑수아 다미앵(Robert-François Damiens)이라는 청년이 당시 프랑스 국왕이던 루이 15세(Louis XV, 재위 1715~1774)에게 칼부림을 자행하는 대사건이 일어났다. 1757년의 일이다.

다미앵은 귀족 신분이 아닌 평범한 서민이었다. 이렇게 말하면 '서민이 어떻게 왕이 사는 궁전에 자유롭게 드나들 수 있었을까?' 하는 의문이 들지도 모르겠다. 당시 프랑스에서는 왕과 왕족의 생활이 국민에게 공개되어야 한다는 인식이 강했다. 그런 터라 서민이라도 약간의 돈을 내고 단정한 복장을 갖춰 입으면 왕족의 생활을 가까이에서 구경할 수 있었다.

다미앵은 왕가와 민중 사이에 형성된 일종의 전통적 신뢰 관계를 악용했기에 비록 미수에 그쳤더라도 절대로 용납될 수 없는 중죄를 저지른 범죄자로 받아들여졌다.

칼부림 사건을 일으키기 전 다미앵은 지방에서 성직자와 상류계급 부인의 시종으로 생활했다. 그는 루이 15세의 호색 성향과 낭비 습관을 보고 '국왕으로서의 책무를 성실히 수행해달라'는 마음을 전하고 싶어 칼을 휘둘렀을 뿐 시해할 의도는 없었다고 주장했다. 이 자백은 다미앵이 무시무시한 '특별 고문'을 받은 후 진술한 내용이다.

루이 15세는 다미앵 처형을 전제로 죄인을 너무 심하게 대하지 말라고 특별히 지시했다. 사실 당시 프랑스에서는 국왕을 시해한 자는 끔찍한 방법으로 고문한 뒤 처형하는 관례가 있었다. 또 실제로 매우 잔인한 형벌이 시행된 사례도 있다.

1610년, 루이 15세의 선조로 부르봉 왕가의 시조이자 프랑스 국왕인 앙리 4세가 폭도의 습격을 받아 시해당했을 때의 일이다. 왕비 마리 드 메디시스는 졸지에 남편을 잃고 증오심에 사로잡혀 '범인의 가죽을 벗겨 죽이라'고 명령했다. 그러자 파리고등법원은 피렌체에서 시집온 왕비님이 프랑스 법도를 몰라 지나치게 관대한 처분을 내렸다며 만류하고 나섰다.

"왕비 마마, 프랑스에는 훨씬 끔찍한 처형이 있사옵니다."

파리고등법원이 메디시스 왕비에게 제안한 방법은 바로 사지를 찢어 죽이는 거열형(車裂刑)이었다. 사형수의 손발을 각기 다른 말에 묶고 각 방향으로 달리게 해서 산 채로 몸을 네 방향으로 찢어 죽이는 끔찍한 형벌이었다.

루이 15세는 운 좋게 시해당하지 않고 경상에 그쳤으나 파리고등법원은 '흉악범' 다미앵에게 거열형을 선고했다. 그런데 법원이 거열형을 선고하자 사형집행인이 난감해졌다. 이 방법은 앙리 4세 시해범이 처형된 후 100년 넘도록 집행된 적이 없었으니, 조금의 실수도 없이 형을 집행해야 한다는 과제를 해결해야 했기 때문이다.

네 마리 말이 지쳐 쓰러질 때까지 채찍질해도 고무줄처럼 늘어날 뿐 찢기지 않는 다미앵의 사지

당시 프랑스를 대표하는 사형집행인 가문인 상송 가문의 두 남자가 다미앵의 처형을 담당했다. 니콜라 샤를 가브리엘 상송

(Nicolas-Charles-Gabriel Sanson)과 그의 조카 샤를 앙리 상송(Charles-Henri Sanson)이 바로 그들이었는데, 샤를 앙리는 당시 열아홉 살 청년이었다. 그리고 그 밖에 몇 명의 조수가 선발되었다.

그러나 거열형 집행에서 사람보다 훨씬 중요한 요소가 있는데, 그것은 바로 '말'이었다. 값비싼 말을 국가에서 지원해주지 않고 사형집행인이 받은 보수에서 처리해야 했기에 비용 부담이 만만치 않았다.

또한 실제로 말이 다미앵의 사지를 끄는 최종단계에 이르기까지 파리고등법원 판사들이 판결에 상세히 명시해놓은 처형 식순을 준수해야 하는 만만치 않은 절차가 있었다. 예를 들면 "칼을 쥐고 군주를 죽이려고 했던 (다미앵의) 괘씸한 오른손을 유황불로 지져야 한다" 등이 그런 절차의 하나였다.

아무리 '살인 장인'인 사형집행인 가문의 한 사람이라고 해도 그 역시 '사람의 자식'인지라 마음속으로는 피를 흘리고 견디기 힘든 고통을 애써 삭이며 그 일을 감당하지 않았을까.

어쨌든 처형이 막바지에 이르러 다미앵에게 잇달아 가해진 잔혹한 고문에 4,000여 명의 군중은 몹시 흥분하거나(그 자리에 있던 전설의 바람둥이 카사노바의 증언에 따르면 흥분해서 그대로 관계를 맺는 커플도 있었다고 한다) 비위가 상해 구토하거나 졸도하는 등 아수라장이 벌어졌다. 그런 와중에 드디어 '말'이 등장했다.

그런데 파리고등법원이 정한 처형에 치명적 실수가 있었다. 그것은 바로 아무리 힘센 말이 잡아당긴다고 해도 사람의 몸은 생각보다 질기고 튼튼해서 쉽게 찢어지지 않는다는 사실을 간과한 것이었다.

말이 잡아당겨 팔다리를 찢으려면 미리 손발의 힘줄을 끊어두는 준비 작업이 필요했다. 실제로 다미앵의 팔다리는 고무줄처럼 늘어나기만 할 뿐 네 마리 말이 지쳐 쓰러질 때까지 채찍질해도 사지가 찢기지 않았다.

그러나 판결에 나온 대로 집행할 수밖에 없는 것이 사형집행인의 의무였다. 더는 안 되겠다고 판단한 샤를 앙리 상송은 감수를 맡은 외과의사에게 "손발의 굵은 힘줄을 제거하는 허가를 받아다 달라"라는 전갈을 고등법원에 보냈다.

인간을 죽이는 기술과 지식을 가진 사형집행인은 인체 구조에 대해 대다수의 외과의사보다 통달해 있어서 실제로 의료 행위를 하기도 했다. 아무튼 그 정도로 인체 지식이 많았다면 애초에 허가를 받아두었다면 좋지 않았을까 생각할 수 있는데, 신분이 낮은 사형집행인으로서는 지엄하신 분들의 판결에 감히 토를 달 수 없었을 것이다.

샤를 앙리 상송의 제안을 파리고등법원이 수리하여 다리 한쪽을 남기고 다미앵의 팔다리가 찢겨 나갔다. 그런데 놀랍게도 그때까지 용케 의식이 남아 있던 다미앵이 입을 열고 뭔가를 중얼거렸다고 한다.

다미앵을 '깔끔하게' 처리하지 못한 죄로

옥살이까지 한 앙리 상송,

프랑스 혁명기에 왕과 귀족을 기요틴으로 처형하는

기구한 운명에 맞닥뜨리다

파리고등법원 판결에 따라 팔다리를 뜯어낸 다미앵은 산 채로(이 대목이 중요하다) 재가 될 때까지 태워져야 했기에 상송가 남자들은 부랴부랴 화형대로 그의 몸을 옮겼다. 당시에는 장작 가격이 꽤 비쌌는데, 다미앵을 재가 될 때까지 태우려면 '짐수레 일곱 개 분량의 땔감'이 필요했다.

이 정도로 엄청난 정신적·물질적 희생을 감내하고도 사형집행인답게 다미앵의 숨을 깔끔하게 끊지 못한 니콜라 샤를 가브리엘 상송은 전문 기술 부족을 이유로 문책성 은퇴 처분을 당했고 샤를 앙리 상송은 옥살이를 해야 했다.

샤를 앙리 상송은 프랑스 혁명기까지 질긴 목숨을 이어나갔고, 불행하게 살아남아 경애하는 프랑스 왕과 왕족, 귀족의 목을 자신의 손으로 기요틴에 올려 처형하는 기구한 운명을 감당해야 했다.

EPISODE

17

나폴레옹과 히틀러를 광기로 몰고 간 성유물 롱기누스의 창

한 나라를 통째로 말아먹을 뻔한 성유물, 롱기누스의 창

가톨릭에서는 그리스도와 성인에게서 나온 유물을 '성유물(聖遺物)'이라며 소중하게 보관하고 경배의 대상으로 삼는다. 예를 들어 그리스도가 못 박힌 '십자가'의 일부라고 전해지는 나뭇조각은 세계 각지에 존재한다. 그 나뭇조각을 모아서 합치면 십자가 몇 개가 만들어질 수 있다고 할 정도다.

그중에는 정확한 유래를 알 수 없고 수상한 '성유물'도 많으나 기적을 일으키는 힘을 지녔다고 믿는 사람이 많아 천문학적 가격에 거래되며 수집에 열을 올리는 왕과 귀족이 등장했다. 그러다가 급기야 성유물 수집으로 국고를 모두 탕진해 나라가 망하는 상황까지 벌어지기도 했다.

실제로 역사를 좌우할 정도의 강력한 영향력을 가진 성유물이 있었다. 바로 '십자가에 매달린 그리스도의 오른쪽 옆구리를 찔렀다는 전설의 창'이다. 창으로 예수를 찌른 병사의 이름을 따서 '롱기누스의 창'이라고 불렸다. 이 창과 그 밖의 일급 성유물 수집품은 '제국의 보물'로 지정되어 신성로마제국 황제들이 대대로 물려받아 소중히 간직했다.

합스부르크 가문과 아돌프 히틀러의 몰락은 모두
성스러운 롱기누스의 창이
'소유자로 적합하지 않은 자'라고 여겼기 때문일까?

이 창은 신성로마제국의 역대 황제들에게 강한 영력을 선사했다고 전해진다. 한데 이 성스러운 창을 신성로마제국이 세워지기 전인 8세기 무렵 샤를마뉴(Charlemagne, 재위 768~814) 대제가 소장했다고 한다. 독자 여러분도 알다시피 샤를마뉴 대제는 전 유럽을 석권한 위대한 군주였는데, 이 창의 영험한 힘이 그를 연전연승하는 진정한 용자로 만들어주었다고 알려졌다.

그런데 흥미롭게도 무심코 전장에서 이 창을 떨어뜨린 직후 샤를마뉴 대제는 목숨을 잃었다. 또 1189년 제3차 십자군으로 이슬람교도를 상대로 싸우다가 샤를마뉴 대제처럼 창을 소홀히 다루어 그 이듬해 세상을 떠난 신성로마제국 황제 프리드리히 1세(Friedrich I, 재위 1155~1190)도 있었다.

그들의 죽음은 성스러운 창이 일시적으로 영광을 얻어도 이후 자멸하도록 운명을 점지해놓았다는 생각이 들 정도로 불가사의했다. 성스러운 창의 소유자로 걸맞지 않은 자가 창을 소유하게 되면 특히 기구한 운명을 맞게 된다고도 했다.

이후 창의 소유권은 신성로마제국 역대 황제들이 이어받았으며 전장에 직접 나서지는 않고 중세 신성로마제국의 의회와 법원이 있던 독일 뉘른베르크의 보물 수장고에 고이 모셔두었다.

그 시대에 롱기누스의 창은 이렇다 할 '저주 능력'을 발휘하지 않고 얌전히 잠들어 있었다. 그러다가 '19세기 초 나폴레옹 보나파르트가 이 성스러운 창에 엄청난 관심을 보인다'라는 소문이 들려오자 신성로마제국의 제위를 물려받은 합스부르크 가문은 뉘른베르크에서 빈 왕궁(호프부르크궁)으로 보물들을 옮겨와 난을 피했다.

성스러운 창을 포함한 '제국 보물'을 소유한 합스부르크 가문은 그 직후인 1806년에 신성로마제국이 나폴레옹에 의해 무너지며 제위를 잃었다. 이후 합스부르크 가문은 '오스트리아제국' 등의 황제 자리를 계승했으나 1919년 혁명으로 그 자리마저 빼앗겼다.

'성스러운 창'의 그다음 주인은 히틀러(Adolf Hitler)였다. 그의 손

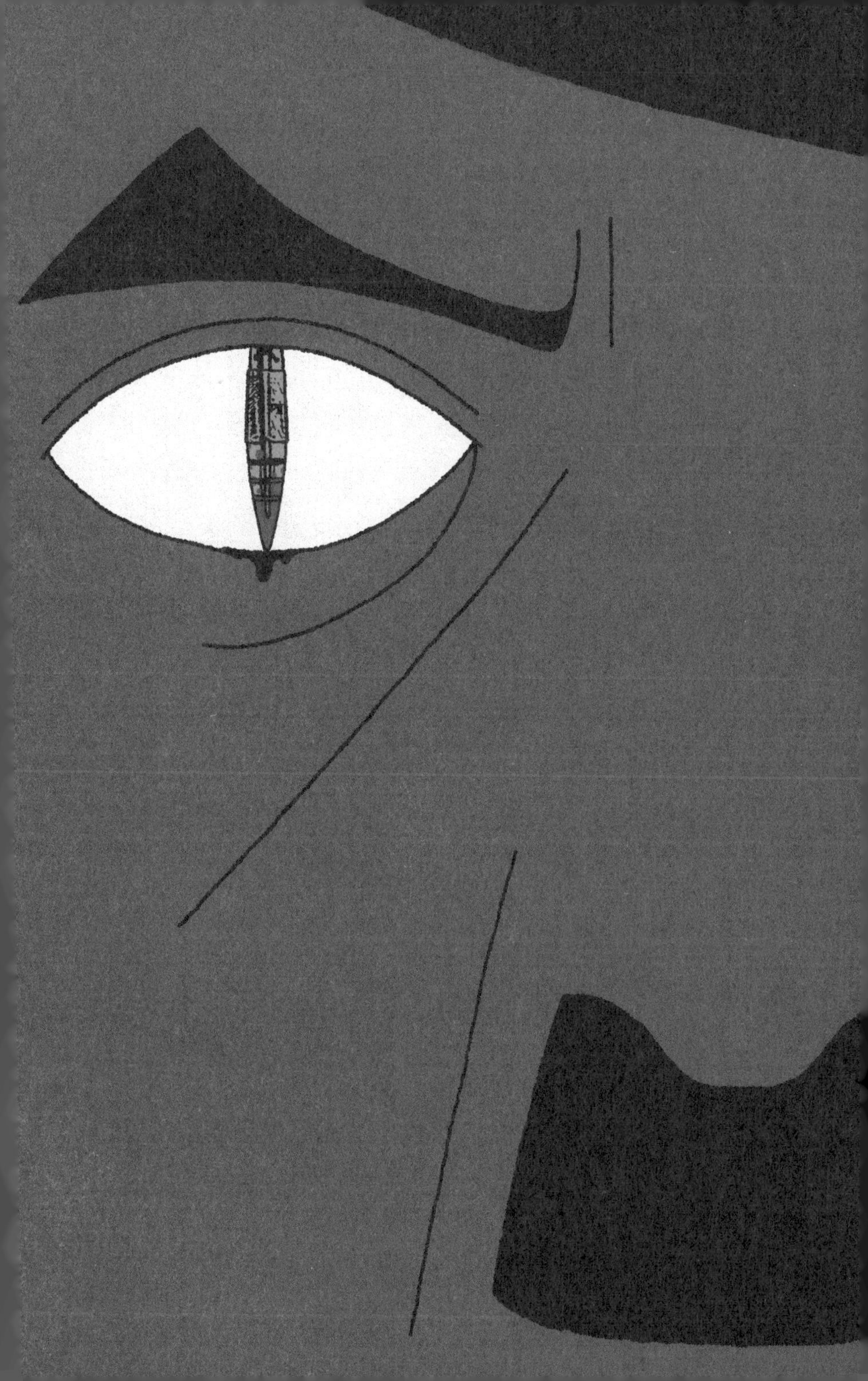

으로 흘러간 '제국 보물'은 오스트리아 빈에서 탈환되어 독일 국내로 옮겨졌다. 그러나 1945년 히틀러는 러시아제국과의 전쟁에서 패한 뒤 자살로 생을 마감했다.

합스부르크 가문과 아돌프 히틀러 모두 성스러운 롱기누스의 창이 '소유자로 적합하지 않은 자'라고 여겼던 것일까? 아무튼 제2차 세계대전이 끝난 후 롱기누스의 창을 포함한 제국 보물은 히틀러가 숨긴 물건까지 포함해 뉘른베르크에서 발견되어 한때 미국으로 건너갔다가 오스트리아 정부로 소유권이 이전되어 현재 호프부르크궁 수장고에 안치돼 있다.

EPISODE
18

고귀한 피를 지키려는 노력을 대대로 흐르는 저주로 돌려받은 합스부르크 가문 사람들

**합스부르크 가문이 평범한 지방 귀족에서 출발해
전 유럽을 주무르고 '해가 지지 않는 제국'을 건설한
위대한 가문으로 발전할 수 있었던 비결은?**

합스부르크 가문이 유럽 역사의 전면에 등장한 것은 10세기 무렵의 일이다. 처음에 이 가문은 실력파 지방 귀족 수준에 머물렀을 뿐 우리가 아는 대로 전 유럽을 자기 집 안방처럼 호령하고 주무를 수 있는 대단한 가문은 아니었다.

그러다가 13세기에 이르러 합스부르크 가문은 운 좋게 독일 국왕을 배출했다. 이후 '다산'이라는 무기를 적극적으로 활용해 정략결혼을 반복함으로써 마침내 유럽 최고 지배자의 위치까지 오를 수 있었다.

합스부르크 가문이 지배하는 영역은 그야말로 광대하여 프랑스를 제외한 유럽 전 지역을 통치했다고 해도 과언이 아닐 정도로 오랜 기간 최고 권력의 자리를 지켰다. 합스부르크 가문은 동쪽에서는 오늘날의 오스트리아와 독일을 본거지로 삼았고 1438년부터 1806년까지 신성로마제국 황제를 독차지하다시피 했다. 한편 서쪽에서는 스페인과 포르투갈이 합스부르크 가문의 영역으로 편입되어 1516년부터 1700년까지 스페인 국왕이 합스부르크 가문에서 배출되었다.

합스부르크 가문의 영향력은 유럽을 넘어 전 세계로 뻗어 나갔다. '신대륙' 아메리카 등지에 식민지를 거느리고 '해가 지지 않는 제국'을 건설한 것도 합스부르크 가문이었다.

그러나 제아무리 '신에게 선택받은' 합스부르크 가문 사람들이라 해도 인간으로 태어난 바에는 생로병사를 겪는 나약한 인간일 뿐이다.

합스부르크가 사람들은 같은 집안사람끼리 결혼했다. 15~17세기 번영의 정점에서 고귀한 혈통을 유지하기 위해 이 가문 사람들이 한 선택이었다. 그들은 자신의 핏줄이라는 속박에 묶여 가문이라는 '감옥'에서 평생 헤어나지 못하는, 대대로 어리석은 선택을 한 셈이었다.

고귀한 혈통을 지키기 위한 선택이
기이한 신체 특징을 유전되게 하는 저주를 낳다

“금실 좋은 부부는 얼굴이 닮아간다”라는 말은 흐뭇한 덕담으로 받아들여질 수 있다. 그러나 근친결혼을 되풀이한 결과 피가 지나치게 진해져 비슷한 얼굴을 한 아이만 태어나는 가문이 있다는 얘길 들으면 어떤 생각이 드는가? 위화감을 느끼지 않을 수 없다.

고귀한 혈통을 지키느라 시름시름 병들어가던 합스부르크 가문을 지켜보면서 당대인은 본능적으로 두려운 마음이 들었다. 특히 15~17세기 합스부르크 가문 사람들에게는 기이한 신체적 특징이 뚜렷하게 나타났다.

합스부르크 가문 사람들의 외모에는 남녀 모두 많든 적든 빼다 박은 듯한 공통점이 있었다. 길쭉한 얼굴, 아래로 축 처진 큼직한 눈, 거대한 매부리코, 두툼한 입술, 그리고 시선을 한눈에 사로잡는 주걱턱이 그런 공통점이었다.

얼굴형 자체가 기묘하리만치 길쭉한 데다 거대한 주걱턱이 달려 전체적으로 얼굴이 움푹 들어가 보였다. 거기에다 아랫입술만 도드라지게 유난히 부풀어 있었다. 두툼한 쌍꺼풀이 진 눈은 졸음 가득한 사람처럼 아래로 축 처져 있었다.

문제점은 외모만이 아니라 성격에서도 나타났다. 그들은 정신적, 정서적으로 불안정했다. 이러한 특징은 합스부르크 가문의

"다른 이들은 전쟁을 벌이게 두어라. 행복한 그대 오스트리아는 결혼을 하라(Bella gerant alii, tu felix Austria nube)"라는 가훈대로 그들이 끊임없이 정략결혼을 되풀이한 결과 심각해질 대로 심각해진 유전적 요소로 자리 잡았다.

합스부르크 가문 특유의 얼굴을 만든 장본인은?

'합스부르크 가문 특유의 얼굴을 만든 장본인은 누구인가?' 지금도 학자들 사이에 논쟁이 끊이지 않는 주제다.

개성이 뚜렷하다 못해 얼굴 가운데 부분이 푹 들어가 보일 정도로 비죽 튀어나온 주걱턱은 알브레히트 2세(Albrecht II. von Österreich, 1298~1358)에게 시집온 요한나 폰 피르트(Johanna von Pfirt, 1300~1351)가 합스부르크 가문에 들여온 유전적 요소라는 주장이 끈질기게 제기되었다.

당대 합스부르크 가문 수장은 다른 나라의 경쟁자들이 독살을 시도할 수도 있는 위험에 노출돼 있었다. 요한나의 남편 알브레히트 2세도 독살 미수로 전신이 마비된 일이 있었는데, 그때까지 자식을 한 명도 낳지 못한 요한나가 줄줄이 자식을 낳는 '기적'을 연출하며 합스부르크 가문의 핏줄이 다음 세대로 이어질 수 있게 되었다.

MADE IN HABSBURG

사람들은 요한나가 외도한 결과라고 의심했지만 알브레히트 2세가 "내가 아이들의 친아버지다"라고 공언하며 나쁜 소문을 잠재우려 했다. 부부는 "둘이 함께 기독교 성지 순례를 하며 얻은 기적"이라고 말하기도 했다.

아무튼 이렇게 개성이 뚜렷한 여성에게서 합스부르크 가문의 얼굴이 나왔다고 믿고 싶은 심정은 충분히 이해할 수 있다. 그러나 요한나에 관한 상세한 문자 기록도 사실적 초상화도 전혀 남아 있지 않아 진실 여부를 명확히 알 수 없다.

여기서부터는 합스부르크 가문에 속한 주요 인물들의 초상화를 나름대로 치밀하게 조사하고 내린 나의 개인적 견해임을 먼저 밝혀둔다. 나는 합스부르크 가문 특유의 길쭉한 얼굴, 거대한 주걱턱, 두툼한 입술 등의 요소를 이 가문에 들여온 사람은 프리드리히 3세(Friedrich III, 재위 1452~1493)의 아내로 본래 포르투갈 왕국 출신인 엘레오노레 헬레나 폰 포르투갈(Eleonore Helena von Portugal, 1436~1467)일 가능성이 크다고 본다.

당시에 이미 세밀한 초상화가 존재했기에 그것을 근거로 합스부르크 가문 특유의 얼굴로 여겨지는 요소가 포르투갈 왕녀에게서 비롯되었다고 나는 거의 확신한다. 그와 프리드리히 3세 사이에 태어나 막시밀리안 1세(Maximilian I, 재위 1508~1519)는 전형적인 합스부르크 가문의 얼굴을 한 최초 인물이다.

막시밀리안 1세는 어머니를 빼닮아 느긋하고 밝은 성격이었다는데, 언어 장애가 있어 다섯 살이 될 때까지 말을 하지 못했다고 한다.

훗날 합스부르크 가문 특유의 병적 경향은 역사적으로 상당히 이른 시기에 다른 나라 왕실과의 결혼을 통해 이미 나타났다고 볼 수 있다. 그리고 이런 요소는 수백 년에 걸쳐 합스부르크 가문 사람들을 두고두고 괴롭혔다. '가문을 우선한' 정략결혼의 어두운 면을 절실히 느끼게 하는 대목이 아닐 수 없다.

EPISODE

19

가장 비루하지만 가장 생명력이 질긴 사람, 환관

남자와 여자 사이에 위치하는 '중성적 아름다움'을 지닌 존재, 환관

일자리를 얻는 첫 번째 조건으로 '거세(남성의 성기를 제거하는 행위)'를 내거는 악덕 구인광고가 있었다. '환관' 자리를 원하는 자는 자신의 성기를 잘라야 비로소 자격 요건을 갖출 수 있었다. 환관은 대개 가난한 집안 출신이었다.

대다수 환관은 당장 내일의 끼니를 걱정해야 하는 절박한 상황에서 벗어나기 위해 '거세'라는 극단적 상황을 선택하고 배뇨조차 자유롭게 할 수 없는 인생과 맞바꿈으로써 비로소 입궐을 허락받은 비루하고도 슬픈 운명의 사내들이었다.

문득 궁금증이 생긴다. 환관은 대체 어디에서 유래한 걸까? 여러 설이 있지만 그중에서도 정복한 민족을 다스리던 남자들에게 굴욕감을 주기 위해 거세한 뒤 새로운 지배자의 몸종으로 부린다는 잔혹한 발상에서 비롯되었다는 설이 가장 유력하다.

인류 역사상 최대의 환관 대국은 어느 나라일까? 많은 이가 예상할 수 있듯이, 바로 봉건시대 중국이었다. 물론 환관이 중국에만 있었던 것은 아니다. 고대 이집트 시대부터 환관은 존재했고 후대에 이르러 인도, 에티오피아, 터키 등의 궁정과 국왕의 하렘에서 후궁의 시종으로 부려졌다.

터키에서는 노예 상인이 들여온 백인과 흑인 소년(거의 대부분 유괴 피해자) 중 험한 일을 시키기에는 용모가 출중한 소년을 골라 환관으로 만들었다. 소년은 어려서 거세당했다. 남자와 여자 사이에 위치하는 중성적 아름다움을 젊은 환관에게서 찾는 수요가 있었기 때문이다.

황제를 꼭두각시로 만들고 자신이 황제보다 더 막강한 권력을 휘두른 환관, 위충현

그런 면에서 중국 상황도 크게 다르지 않았다. 당나라 때 기록을 보면, 나이가 어리고 외모가 수려하며 몸가짐이 우아한 환관은 출세할 가능성이 컸다.

정치·경제 상황이 암울해지면 가난한 소년들이 입에 풀칠이라도 하려고 환관이 되기 위해 궁으로 몰려들었다. 명나라 말 희종(熹宗, 재위 1620~1627, 연호가 천계(天啓)이기에 '천계제'라고도 불린다) 때인 1621년, 궁에서 300명의 환관을 보결로 모집한다는 공고를 내자 무려 2만여 명이 응모해 빈민 구제 차원에서 애초 계획보다 150명을 늘린 450명을 채용했다는 기록이 남아 있다.

채용 조건은 당나라 때와 마찬가지로 준수한 외모, 고운 목소리, 우아한 몸가짐 등이었다. 그런데 놀라운 것은 채용되지 못한 소년들도 이미 거세를 마친 상태였다는 것이다. 환관 모집 시험에서 떨어진 소년들이 이후 어떤 삶을 살았을지 상상만 해도 끔찍하다.

'맑고 고운 목소리'라는 조건이 의미하는 것은 무엇일까? 고운 목소리를 가졌다는 것은 변성기가 오기 전에 거세했음을 알려준다. 몸도 마음도 지배자의 뜻에 따라 개조된 비참한 인생이 아닐 수 없다.

거세 수술은 누가 했을까? 일종의 공무원을 뽑는 일인 셈이니 당연히 국가가 했을 것으로 생각하기 쉽지만, 거세 수술을 시행한 이는 민간업자들이었다.

하반신을 드러내고 앉으면 양손을 거세 장인의 조수들이 붙들었다. 곧이어 칼을 손에 쥔 장인이 물었다.

"후회하지 않겠느냐?"

"절대로 후회하지 않습니다."

거세 장인은 이렇게 당당히 각오를 밝히거나 움츠러들지 않는 소년에게만 수술을 집도했다. 아직 인격이 완성되지 않은 미성숙한 소년들이 인생을 바꾸기 위한 수술 대열에 너도 나도 합류했다. 다행히도 사망률은 의외로 낮아 대부분 살아남았다.

중국의 평균 환관 수는 왕조에 따라 차이가 크다. 평균 1만 몇천 명 정도였고, 명나라 말에는 10만 명 가까운 환관이 궁중에 머물렀다. 반면 궁녀의 수는 9,000명 정도로, 궁녀보다 열 배나 많은 어마어마한 수의 환관이 있었던 셈이다. 그러나 환관으로서 두각을 나타내고 출셋길에 오르는 사람은 소위 성은을 입고 출세하는 궁녀에 비해 훨씬 적었다. 거세라는 혹독한 희생에 대한 정당한 대가를 얻는 사람은 극소수에 불과했다.

바꿔 말하면 출세한 환관은 자연스럽게 어깨에 힘이 들어갈 수밖에 없었다. 청나라 역사학자들은 황제의 문란한 여성관계보다 환관의 권모술수가 왕조를 멸망으로 이끄는 가장 중요한 원인이라고 분석하기도 했다. 예를 들어 명나라 말의 환관 위충현(魏忠賢)은 천계제(희종)를 주지육림 세계에 모셔둔 채 자신이 황제를 대신해서 모든 정사를 주무르고 결정했다. 그는 '그림자 황제'라는 별명으로 불릴 정도로 막강한 권력을 휘둘렀다.

위충현은 전국에 밀정을 보내 자신을 비방하는 사람을 샅샅이 찾아내어 가죽을 벗겨 죽이는 등 횡포를 일삼았다. 그러나 권력의 원천인 천계제가 붕어하자 하루아침에 권력을 잃고 명나라의 마지막 황제 의종(毅宗, 재위 1627~1644, 숭정제(崇禎帝))이 즉위하자 스스로 목을 매야 하는 처지로 전락했다.

황제와 환관의 관계는 특수하고 복잡한 인연으로 묶인 운명 공동체였다. 환관의 해악을 지적하는 목소리가 터져 나와도 중국에서는 은 왕조 이후 환관 제도가 폐지된 적이 한 번도 없었다. 이유가 뭘까? 바로 환관이라는 존재를 필요로 하는 궁중 고위층의 강한 요구가 계속 있었기 때문이다.

황제에게 환관은 '어머니 대용품'이었다고?

환관은 거세 수술로 인해 호르몬 균형이 무너져 평범한 남성과 비교할 때 상대적으로 빨리 나이를 먹었다. 실제로 사십 대 나이에 육십 대 이상으로 보이는 겉늙은 환관도 적지 않았다. 외모뿐 아니라 목소리 또한 노부인이라고 생각하기 쉬울 정도로 크게 변했다. 이 때문에 사람들의 조롱 대상이 되곤 했다. 황제의 절대적 신임을 얻어 막강한 권력을 잡고 천하를 제 뜻대로 주무르는 환관이라면 거의 예외 없이 중년이 넘은 나이였다.

이러한 배경에 황제들이 환관을 절실히 원한 가장 큰 이유가 숨

어 있던 게 아닌가 싶다. 어찌 보면 황제(또는 그의 비빈들)에게 환관은 어머니의 대용품이었을 수도 있다. 봉건시대 중국에서는 유교의 영향으로 여성의 지위가 낮았다. 그러나 남자 못지않게 고귀한 뜻을 품고 사는 여성을 이상적으로 여겼다. 반대로 대단한 여성이나 거물이 될 조짐이 보이는 여자는 대부분 '독한 여자'였다. 친어머니가 아들의 능력을 가늠해 자신에게 해가 될 우려가 있다고 판단하면 사전에 은밀히 손을 써서 황제인 아들을 살해하는 경우도 역사에 등장하곤 한다.

누구든 내면에 어리석고 부족한 면이 있기 마련이다. 애석하게도 사회적으로 신분이 높은 사람 곁에는 모든 것을 있는 그대로 받아들여 주고 때로 응석을 받아주는 여성이 없었다(심지어 유모조차 살갑게 대하거나 정을 주지 못하도록 단속했다). 그런 배경에서 황제는 원래 어머니에게서 받아야 하는 애정과 헌신을 '직업'으로서 그 역할을 맡은 환관에게서 받은 것이다. 환관은 황제가 궁궐 담벼락 밖에서 손가락질 받더라도 황제를 비난하지 않았다. 그들은 오로지 황제만을 섬기는 존재였다.

한때 절대강자였던 항우와의 피말리는 경쟁에서 살아남고 마침내 한나라 초대 황제(고조(高祖), 재위 206~195 BC)가 된 유방(劉邦) 역시 환관과 상당히 흥미로운 관계를 맺고 있었다는 일화가 『사기(史記)』에 전해진다. 세월 앞에 장사는 없는 법, 역전의 용사였던 유방도 나이가 들었다. 늙고 병들어 임종을 맞이하기 한 해 전 여름이 찾아왔다. 유방은 열흘 남짓 방 안에 틀어박혀 누구와도 만나려 하지 않았다. 겁 없는 장수 번쾌(樊噲)가 과감하게 방문을 열어젖혔더니 황제는 환관의 무릎베개를 한 채 어린아이처럼 누워 있었다.

"천하를 통일하고 황제가 되신 분이 일개 환관에게 의지해 세상을 떠나려 하시나이까!"

번쾌의 충언을 들은 황제는 빙그레 웃으며 자리에서 일어났다. 궁정에서 가장 신분이 높은 황제와 가장 신분이 낮아 천시 받던 환관은 서로 의지하고 힘이 되어주는 미묘한 관계였다. 황제와 환관, 서로 권력에 우롱당하는 인간의 슬픔을 느끼게 하는 이야기다.

4

인간에게 가장 잔혹했던 인간들 이야기

EPISODE

20

'하멜른의 피리 부는 사나이'의 정체는 과연 무엇이었을까

노동 가능 인구 2,000명 정도인 독일 소도시 하멜른에서

어느 날 갑자기 아이들 130명이 감쪽같이 사라져버린 충격적 실화

독일 그림 형제(Brüder Grimm)의 동화 등으로 유명한 '하멜른의 피리 부는 사나이(Rattenfänger von Hameln)'는 실화일까 허구일까? 누군가가 지어낸 이야기라고 생각하기 쉽지만 흥미롭게도 이는 13세기 말 실제로 일어난 사건이다. 이는 하멜른 시 의사당에 새겨진 기록에서도 명확히 확인할 수 있다.

그리스도 탄생 후 1284년 6월 26일 하멜른에서 아이들이 납치되어 사라졌다. 하멜른에서 태어난 아이 130명은 피리 부는 사나이를 따라 코펜 언덕에서 사라져버렸다.

이 사건에 관한 가장 오래된 기록은 하멜른 마르크트 교회의 높이 6미터, 너비 3미터 스테인드글라스에 짧은 글귀로 새겨져 있다. 1300년 무렵의 일이다. 그런데 그 글은 세월이 지나며 차츰 마모되었고, 17세기에 이르러서는 도저히 해결할 수 없는 상태로 훼손되어 기이한 내용만 살아남아 입에서 입으로 전해 내려왔다.

아이들이 피리 부는 사나이를 따라 사라진 날은 세례 요한과 사도 바울의 축일인 6월 26일이었다. 그날 130명 아이들이 하멜른 시내에서 골고다 언덕 방향(동쪽)을 향해 인솔자를 따라 많은 위험을 무릅쓰고 코펜 언덕까지 따라간 다음 그곳에서 감쪽같이 사라졌다.(아베 긴야 『하멜른의 피리 부는 사나이』 발췌)

당시 하멜른에서 사라진 아이들의 나이는 대략 몇 살쯤 되었을까? 『그림동화』 등에서는 '네 살 이상'으로 기록했으나 실제로는 그보다 좀 더 많았을 것으로 추정된다. 프랑스의 중세·근세 사회의 가족상에 관한 저서를 집필한 필리프 아리에스(Philippe Ariès)는 『아동의 탄생(L'Enfant et la vie familiale sous l'Ancien Régime)』(1960)에서 다음과 같이 말했다.

> 옛 시대의 가족은 아이를 많이 낳았고 아이들은 적어도 아주 어린 시기에는 돌봄의 손길이 미치지 않았다. (중략) 자식의 수를 헤아릴 여유가 없었기 때문이다.

당시 평균수명이 짧았던 것은 어려서 죽은 아이가 그만큼 많은 탓이다. 한 아이가 태어나 무사히 성인으로 성장한다는 것은 도박에서 돈을 따는 일처럼 쉽지 않은 일이었고 행운이 따라주어야 가능했다. '130명 아이들'은 당시 성인 나이인 15세에 얼추 도달했을 것으로 전문가들은 추정한다. 즉 어느 정도 자라서 중요한 역할을 할 수 있는 아이들이라고 생각하는 것이다.

당시 하멜른은 소도시가 많은 독일에서도 상당히 한적한 고장이라 노동 가능 인구는 대략 2,000명 정도였다. 그중 무려 130명의 아이가 어느 날 갑자기 사라져버렸으니 하멜른 시 주민에게 얼마나 충격적인 사건으로 받아들여졌으며 얼마나 커다란 파급 효과를 가져왔을지 짐작이 가고도 남는다.

아이들 130명의 행방불명을 둘러싼 세 가지 가설 중 진실은?

당시 아이들의 실종을 두고 유력한 세 가지 가설이 존재한다. 첫째, 아이들 130명이 페스트 등의 전염병으로 급사했다는 설. 둘째, 동유럽 계몽을 위해 동방 이민이 네덜란드와 독일 각지에서 추진되었는데, 당시 하멜른 청소년들도 모집되어 집단 이주했다는 설. 셋째, 신의 기적을 경험한 카리스마 넘치는 인솔자를 따라 아이들이 소년 십자군이 되어 성지 예루살렘을 향해 도보 행진에 나섰다는 설.

이중 첫 번째 가설은 논리적 결함이 별로 없고 당시의 시대상을 반영하는 그럴 듯한 주장으로 보이지만 자세히 들여다보면 치명적인 논리적 오류가 있다. 그것은 바로 '왜 하필 아이들만, 그것도 130명이나 한꺼번에 사라졌는지 설명할 길이 없다'는 점이다.

두 번째 가설은 '새로운 나라 새로운 도시에 가서 성공하면 남들처럼 잘살 수 있다'라는 달콤한 말로 아이들을 꼬드긴다 해도 과연 130명을 한꺼번에 모집할 수 있을지 의문스럽다는 점이 약점이다(실제로 그런 모집이 있기도 했으나 기껏해야 수십 명을 모으는 정도에 그쳤다). 더구나 이주 후 그 누구도 하멜른으로 연락을 취해오지 않았다는 점도 신빙성을 떨어뜨린다.

세 번째 '소년 십자군설'은 17세기 독일의 철학자 라이프니츠(Gottfried Wilhelm Leibniz)도 지지한 설이다. 라이프니츠의 메모에 따르면, "1212년에 (프랑스 오를레앙 지방과 독일, 쾰른 지방의 십 대를 중심으로) 아이들을 대거 팔레스타인으로 보낸 사건은 두 성직자의 감언이설이 만들어낸 거짓 기적이었다"라며 "예루살렘을 야만인의 손에서 해방해야 한다며 순진한 아이들을 설득했다"라고 적혀 있다.

라이프니츠는 하멜른 사건이 1284년이 아니라 1212년 무렵에 일어났다고 추정했다. 그의 주장에 따르면, 당시 소년 십자군으로 차출된 청소년은 대부분 사라센인(이슬람교도)에게 노예로 팔려가거나 바다에 던져지는 등 비참한 말로를 맞았다고 한다.

이후 운 좋게 살아남은 몇 명의 아이들만 고향으로 돌아왔다. 돌아온 아이들에게 왜 덜컥 낯선 사람을 따라갔냐고 묻자 '아무리 생각해도 모르겠다'라며 고개를 가로저었다.

당시 서민의 삶은 마땅히 즐길 오락거리도 없이 따분한 일상생활의 반복이었다. 그러다가 열정을 불러일으키는 무언가를 접하면 억눌러왔던 욕구가 한순간에 폭발하기 마련이다. 특히 한창 피가 끓는 나이의 청소년이라면 누군가 그럴 듯한 말로 꼬드기고 부추기면 별생각 없이 쫄레쫄레 따라나서는 것이 그렇게 어려운 일도 아니었을 것이다.

그러나 라이프니츠의 추리도 개연성은 높지만 결함이 없는 것은 아니다. 무엇보다도 그의 추리에서는 시대를 자의적으로 조작한 부분을 해명할 길이 없다.

충격적 네 번째 가설, 과연 프리드리히 2세가 범인이었을까?

위에 설명한 세 가지 가설 외에도 꽤 그럴 듯한 가설이 하나 더 있다. 그런데 어떤 면에서 이 가설이 가장 고개를 끄덕이게 한다. 잠깐 살펴보자. 이 가설에서는 아이들을 꾀는 사람, 즉 피리 부는 사나이를 왕이나 귀족 같은 고위층 인물이 모종의 은밀한 목적으로 고용했다는 설이다. 다시 말해 아이들이 대량으로 필요한 어떤 일이 있어서 이 일에 적합한 '바람잡이'를 고용해 아이들을 유인해 조달하는 데 이용했다는 추정이다. 예를 들어 독일 출신이며 이탈리아 생활에 비중을 두었던 프리드리히 2세(Friedrich II, 재위 1220~1250)라는 별난 신성로마제국 황제가 있다.

지적 호기심이 왕성하고 여러 언어에 능통했던 프리드리히 2세는 자신의 호기심을 충족하기 위해 인권을 무시한 실험을 자행했다.

만약 갓 태어난 아기에게 말을 걸지 않으면 말문이 트인 아기는 무슨 말을 할까?

프리드리히 2세는 이 의문을 풀기 위해 실제로 실험했으며 실험에 참여한 아기는 모조리 사망했다고 한다. 이와 관련된 기록은 프리드리히 2세에게 적대적이던 한 성직자가 남긴 것이므로 어느 정도 편견과 과장이 덧붙여졌을 가능성이 크다. 물론 실제로 그런 실험이 이루어졌고 그 실험에서 많은 희생자가 나왔다 해도 절대 권력을 가진 황제가 체포되어 죗값을 치를 일은 전혀 없었다. 왕이나 귀족처럼 신분이 높은 사람은 그야말로 무소불위의 권력을 휘두르는 시대였기 때문이다.

1300년 무렵부터 유럽에서 교황의 권위가 눈에 띄게 추락하기 시작했다. 하멜른에서 아이들이 실종되는 사건이 일어난 것은 그 직전 무렵이었다. 그때까지 종교적 금기로 여겨지던 인체 실험도 귀족의 성에서는 비밀스럽게 이루어졌을 가능성이 있다는 의미다.

가난하지만 앞날이 창창한 아이들 130명이 어느 괴짜 왕이나 귀족에게 끌려가 돌아오지 못했다는 가설이 가장 설득력 있게 여겨진다(그 누구도 돌아오지 못했기에 이후 무슨 일이 있었는지 얘기해줄 사람도 없었고 아무 뒤탈도 없었던 게 아닐까).

마키아벨리(Niccolò Machiavelli)의 『군주론(Il Principe)』(1513)에는 "악행은 빨리 해치우는 게 낫다"라는 말이 있다. 그런 관점에서 볼 때 여러 도시에서 아이들을 조달하기보다 한 도시를 콕 집어서 필요한 아이들을 한꺼번에 끌고 오는 게 꼬리를 잡힐 위험성이 적다고 판단하지 않았을까? 진상은 완전히 베일에 감춰져 영원한 수수께끼로 남았다. 당시 무슨 일이 있었는지 진실은 오직 신만이 아는 찜찜하고도 무시무시한 사건이 아닐 수 없다.

EPISODE
21

인간이 인간에게 할 수 있는 가장 잔인하고 야만적 행위, '마녀사냥'

마녀사냥으로 처형당한 사람 수가 많았던 나라일수록
'종교개혁' 당시 가톨릭을 버리고
프로테스탄트로 개종하는 사람이 많았던 이유

옛날 일본에서는 자연재해나 질병이 대유행하는 등의 불상사가 생기면 조정이 앞장서서 연호를 바꾸었다. 연호를 교체하며 일종의 '액땜' 효과를 기대한 것이다. 한편 유럽에서는 불행한 일이 연거푸 일어나면 사람을 처형했다.

중세 유럽에서는 페스트와 천연두 등 치사율이 높은 감염병이 주기적으로 창궐했는데, 그때마다 대규모 사망자가 나왔다. 또 기후 이변으로 흉작이 들어 굶어죽는 사람이 속출하기도 했다.

어제까지 멀쩡히 살아 돌아다니던 이웃이나 가족이 갑자기 숨이 넘어가 차갑게 식어가는 현실을 마주한 사람들은 누군가에게 이유를 따져 묻고 싶어질 것이다. 죽음의 공포와 마주하는 인생에 사람들은 '왜?'라는 강한 의문을 품었다.

그러나 '병원성 세균이 질병을 일으킨다'라는 사실이 독일의 로베르트 코흐(Robert Koch) 박사 연구팀에 의해 밝혀지고 대중에게 받아들여진 것은 19세기 중반을 지나서였다.

중세인은 '악마와 계약을 하거나 성교를 해서 무시무시한 힘을 얻게 된 '마녀'나 그리스도교의 가르침을 따르지 않는 '이단'이 기독교 공동체에 은밀히 숨어들어 그에 대한 천벌이 내려 재앙이 일어났다'라는 억지 논리를 만들어냈다.

그 결과 공동체에서 배척당하거나 소외당하는 사람이 사냥감이 되고 산 제물이 되어 합법적으로 처형되었다. 생각만으로도 오금이 저리는 살벌한 이야기가 아닐 수 없다.

유럽 각지에서 맹위를 떨친 '마녀사냥'이라는 대소동이 있었다. 15세기부터 18세기에 걸쳐 일어난 일이다.

일반적으로 1580년 무렵부터 1650년까지를 마녀사냥이 가장 극렬했던 시기로 본다. 흥미롭게도 마녀사냥으로 처형당한 사람 수가 많은 나라일수록 16세기에 정점을 맞이한 '종교개혁' 당시 가톨릭을 버리고 프로테스탄트로 개종하는 사람이 많았다. 왜 그랬을까? 걸핏하면 마녀사냥에 나서는 가톨릭 신앙으로는 절대 구원받을 수 없다는 걸 깨달았기 때문이지 않을까.

마녀로 몰려 처형되는 사람 중 왜 50~60대 여성이 많았을까?

1630년대 후반 독일의 지방 도시 지크부르크의 사형수 명부를 보면 당시 독일에서는 2,000명 가운데 3명 정도가 마녀로 처형되었다.

지크부르크는 쾰른과 본이라는 두 대도시 사이에 자리 잡은 위성도시다. 예나 지금이나 큰 도로를 끼고 있다는 점 이외에는 그저 평범한 중소도시에 지나지 않는 곳인데, 그곳에서도 몇 명의 마녀가 발각되어 처형되었다.

명부에 따르면, 쿠니군데 모이러(Kunigunde Meurer)라는 여성이 체포되었다. 1636년 7월 24일의 일이다. 마녀로 누군가를 체포하려면 그 전에 마녀에 대한 밀고를 받은 당국이 본격적으로 조사를 해야 했다. 한데 당시 그에게는 '성서를 갖고 있지 않았다'라는 사유가 붙었다. 독실한 신자가 아니었다지만 고작 그 정도 이유만으로 억울하게 투옥된 것이다.

투옥된 후 그는 심문이라는 이름의 가혹한 고문을 받고 그로부터 두 달쯤 지난 9월 16일에 처형되었다. 사람들에게 '마녀를 처형해 악의 싹을 도려냈으니 안심하라'는 것을 내보이기 위한 속전속결 판결과 집행이었다.

마녀 심문에는 정해진 절차가 있었다. 심문 과정에서 마녀라고 자백하든 부인하든 고문을 피할 수는 없었다. 또 자백하기 전 신체 어딘가에 있는 '마녀의 표식'을 검사하기도 했다. 예를 들어 사마귀는 마녀의 표식으로 여겨졌고, 마녀는 아픔을 느끼지 않는다고 생각해 사마귀를 바늘로 찔러가며 검사했다.

표식이 있든 없든 고문은 무조건 진행되었다. 집행자들이 이를 철저히 따라야 하는 절차로 여긴 까닭이다. 마녀는 악마와 계약해 초능력을 가지고 있어 때론 악마가 새긴 표식을 드러내기도 하고 또 때론 숨길 수도 있다고 믿었기 때문이다.

마녀로 지목된 여성을 물에 빠뜨려 물 위로 떠오르면 마녀로 판명하는 황당한 방법도 사용되었다. 마녀는 물을 튕겨낸다는 논리였는데, 사실 기본적으로 사람은 물에 뜬다. 만일 물에 가라앉아 수면 위로 떠오르지 않는다면 익사하는 것이다. 마녀로 고발당해 체포되는 시점에 어떻게 하면 그나마 조금이라도 덜 고통스럽게 죽을 수 있을지를 궁리하는 게 최선이었다.

체포된 후에는 가택수색이 이루어졌고 주술의 흔적으로 보이는 물건이 거의 예외 없이 발견되어 단정되고 여죄를 추궁당해 법원에서 사형(일반적으로 화형) 선고를 받고 형을 집행한다. 그야말로 번갯불에 콩 구워 먹는 엄청난 속도로 처형까지 일련의 과정이 착

착 진행되었다.

마녀로 몰려 처형되는 사람은 50~60대가 많았는데, 당시 기준으로는 노인층이나 사회적으로 고립된 여성이 대부분이었다. 주로 자기 세계에 틀어박혀 사회의 울타리에 들어오지 않는 소외 계층 여성이 손쉬운 표적이 되곤 했다.

1636년이라는 특정 시대의 독일 사회를 세밀히 살펴보면 30년 전쟁 후반기를 맞아 사회 전체가 말할 수 없이 피폐해진 상황이었다. 그 무렵 스웨덴 등의 외국 군대가 독일을 침공해 서민들 사이에 '말세가 도래했다'며 불안감이 급속도로 퍼져나갔다. 어쩌면 사람들은 힘든 세상을 탓하며 원망할 대상을 찾았고 그 모든 원인을 마녀의 탓으로 돌리며 한풀이하고 싶었던 게 아닌가 싶다.

고문은 무고한 사람을 위험에 빠뜨리고 독일을 마녀와 미증유의 범죄가 만연하게 만드는 백해무익한 행위다.

쾰른과 그 주변에서 활동하던 독일 예수회 소속 프리드리히 슈페(Friedrich Spee) 신부는 마녀재판의 위험성을 1631년에 펴낸 『재판관에게 경고하다(Cautio Criminalis)』라는 책에서 강한 어조로 비판했다. 그리고 예수회 내부인이 마녀사냥의 부당함을 조목조목 규탄했다는 사실이 대중 여론을 움직이기 시작했다.

슈페 신부의 책에 따르면, 마녀가 줄줄이 발견되는 이유가 있었

DISNEY

다. 그것은 마녀로 지목되어 마녀로 판정받은 사람에게 "네 동료는 누구인가? ○○라는 여자를 아는가?" 식으로 추궁하는 심문이 이루어졌기 때문이다. 게다가 "네, 그 여자도 마녀입니다"라는 자백이 나올 때까지 상상을 초월하는 폭력이 가해졌다. 그런데도 조서에는 "강압적 심문 없이 자발적으로 털어놓았다" 등의 거짓 진술이 기록되었다.

교회가 마녀재판의 폐해를 바로잡은 것은 슈페 신부가 선종한 후 크리스티안 토마지우스(Christian Thomasius)라는 기독교 법학자의 열성적인 호소를 받아들이고 난 뒤의 일이다.

EPISODE

22

왕권신수설을 증명하는 중요한 행위, 로열 터치

항생제가 없던 시절에 백성들이 믿을 사람이라곤 오직 국왕뿐!

엄격한 신분제도에 얽매여 살던 시대의 일반 백성에게 왕이나 황제는 언제나 우러러보아야 하는 특별한 인물이자 신처럼 범접할 수 없는 존재였다. 실제로 백성은 '임금님은 초자연적인 힘을 지녔다. 그래서 신성하다'라고 믿었다. 그렇다면 국왕은 자신의 신성한 힘을 민중에게 어떻게 증명했을까?

가장 대표적 방법의 하나가 '로열 터치(Royal Touch)'였다. 이는 중세부터 근세에 이르기까지 오랜 세월 전해 내려온 방법으로, 국왕의 은혜로운 손길로 고통받는 국민의 질병을 고친다는 개념의 숭

고한 행위였다. 이 중요한 국가적 이벤트로 국왕의 인기가 그야말로 하늘 높은 줄 모르고 치솟기도 했고 바닥을 모른 채 나락으로 곤두박질치기도 했다. 또한 이 이벤트는 왕과 백성이 공식적으로 '대면하는' 거의 유일한 기회이기도 했다.

오늘날에는 흔하지 않은 질병으로 '나력(瘰癧)'이라고 부르던 질병이 있는데 현대 의학에서는 '결핵성 임파선염(Tuberculous lymphadenitis)'이라고 한다. 목의 림프절에 결핵균이 침투해 멍울이 잡히고 내버려 두면 심하게 부어올라 환부가 짓무르고 곪고 살이 문드러져 떨어지면서 상처에서 악취가 풍기고 끔찍한 고통으로 몸부림치게 되는 고약한 질병이다. 이 병을 심하게 앓게 되면 얼굴선이 무너지고 이목구비가 틀어져 전혀 다른 사람처럼 변하기도 했다.

항생제가 없던 시절에 백성들 사이에는 나력처럼 끔찍한 질병을 치료할 수 있는 사람은 오직 국왕뿐이라는 믿음이 퍼져 있었다. '나력은 나라님 병'이라는 말이 생겨난 것도 그런 맥락에서였다.

잉글랜드와 프랑스에서 맹위를 떨친 이 병을 치료하기 위한 대대적인 이벤트가 열렸다. 영국과 프랑스는 대를 이어가며 서로를 가장 강력한 경쟁상대로 보고 으르렁대는 앙숙 관계였기에 '로열터치'의 영험함은 커다란 화제가 되었다. 그런 분위기였으니 국왕은 애써 태연한 표정을 짓고 고약한 냄새를 풍기며 진물이 줄줄 흐르는 환부를 인자한 손길로 어루만져야 했다.

25년의 재위 기간 중 10만 명의 나력 환자를 만진 영국 왕 찰스 2세

에드워드 참회왕(Edward the Confessor, 재위 1042~1066)은 사후에 독실한 신앙심을 높이 평가받아 성인 반열에 오른 인물이다. 그 후 그의 영향력을 물려받은 인물이 바로 에드워드 1세(Edward I, 재위 1272~1307)인데 그가 통치하던 시대에 '로열 터치' 양식이 확립되었다.

그로부터 많은 세월이 지난 후 국왕이 가톨릭에서 영국 국교회로 개종하고 나서는 '국왕(여왕)은 신의 대리인'이라는 주장이 공공연히 나돌며 '로열 터치'도 국왕의 신성함을 홍보하는 효과적인 자료로 활용되었다.

역대 영국 왕 중에서 가장 많은 나력 환자를 접촉한 사람은 찰스 2세(Charles II, 재위 1660~1685)였다. 그는 25년의 재위 기간 중 10만 명의 환자를 접견했다는 기록이 남아 있을 정도였다. 찰스 2세는 가톨릭으로 비밀 개종했는데, 그의 손길이 닿은 환자 중 기적적인 치료 효과를 간증하는 이가 많았다. 그런 터라 당연하게도 그가 주관하는 로열 터치 행사는 백성들에게 엄청난 인기를 끌었다. 말하자면 궁극의 플라시보 효과였던 셈이다.

찰스 2세의 로열 터치를 받기 위해 잉글랜드 전역에서 환자들이 벌떼처럼 몰려들었다. 계산해보면 매년 4,000여 명의 환부를 직접 어루만져야 했으니 이쯤 되면 왕 노릇도 아무나 할 수 있는 일이 아니라는 생각이 든다.

다음은 로열 터치 이벤트를 참관한 존 이블린(John Evelyn)이라는 사람의 기록이다.

> 전하는 연회가 열리는 동안 상석에 앉아 계셨고 의사들이 병자를 왕좌로 안내했다. 왕 앞에 병자들이 무릎을 꿇으면 왕은 병자들의 얼굴과 뺨을 어루만졌다. 그때마다 교회에서 파견된 신부가 자못 엄숙한 목소리로 다음과 같이 선언했다.
>
> "전하께서 환부에 어수를 대어 병을 치료하셨다."
>
> 그리고 한 사람씩 모두에게 선언했다. 대기해 있는 병자들에게 골고루 은총을 베풀고 나면 각자 자기 자리로 돌아갔다.
>
> 다른 신부가 천사의 금화(소블린 금화)를 매단 흰색 리본을 팔에 걸고 왕에게 하나씩 건넸고, 왕은 병자들의 앞을 지날 때마다 그들의 목에 하나씩 걸어주었다.

이는 어찌 보면 오늘날의 아이돌 사인회 장면과 비슷하기는 하나 로열 터치의 경우 왕을 알현하고 기적을 체험하고 덤으로 하사금까지 챙길 수 있어 참가비를 내고 기껏해야 같이 사진을 찍거나 악수만 할 수 있는 아이돌 팬 사인회보다 여러모로 이득이었다. 역시 아이돌 팬 사인회와 비슷하게 때때로 로열 터치 이벤트에서는 예기치 않은 사고가 일어나기도 했다. 조금이라도 왕을 가까이에서 보고 싶어 다가가려고 아우성치다 체력이 약한 사람 예닐곱

명이 극도로 흥분한 사람들의 발에 밟혀 죽는 사고도 일어났다. 또 하사금을 받을 목적으로 참여한 가짜 환자가 있어 의사가 가려냈다고 한다.

왕실은 엄청난 비용 지출에도 아랑곳하지 않고 매년 1만 파운드가 넘는 막대한 금액의 하사금을 마련했다. 4,000여 명의 병자 중 단 몇 명이라도 회복하면 그 가족에게는 경사이고 국왕은 수많은 열렬한 지지자를 확보해 더욱 막강한 권력을 손에 쥘 수 있었기 때문이다.

그런데 앤 여왕(Anne, Queen of Great Britain, 재위 1702~1714) 시절 영국 왕실의 '로열 터치' 전통이 막을 내렸다. 이유가 뭐였을까? 계몽된 민중이 왕실에 바란 것은 신통력이 아니라 진정한 군주다운 지도력이었기 때문이다. 이런 변화를 두고 18세기에 활약한 영국 역사학자 흄(David Hume)은 다음과 같이 매운 언어로 비꼬았다.

> (현재) 왕실은 대중에게 환영받지 못하고 지식층의 놀림감이 되고 있음을 비로소 알아차린 모양이다.

EPISODE

23

아내의 그곳에 정조대를 채워서라도
순결을 보장받고 싶어 했던 중세 유럽의 남성들

장기간 멀리 출타할 때 아내의 '그곳'에
'정조대'를 채우고 떠나는 남편들

남성이 제아무리 잘난 척해도 절대로 할 수 없고 오로지 여자만 할 수 있는 일이 있다. 바로 '아이를 낳는 일'이다. 남존여비 성향이 강한 사회에서도 아내나 어머니의 존재가 존경받고 남성에게 막강한 영향력을 발휘하는 여성이 많은 것도 그런 맥락에서다.

출신과 신분을 막론하고 여성은 남성과 결혼해 가정생활을 원만히 꾸려나가는 것이 가장 중요한 일로 여겨지던 시대에 뛰어난 자질의 자손을 낳은 여성은 확고한 지위를 보장받았다.

다른 한편으로 아내의 임신을 두려워하는 남편들도 있었다. 특히 자신이 장기간 집을 비운 동안 아내가 외간남자와 외도를 저지를지 모른다는 걱정에서 벗어나기 어려웠다. 무슨 일로든 장기간 출타하게 된 남성들은 자신의 피를 물려받지 않은 아이를 자신의 후계자로 정하게 될지 모른다는 근원적 두려움에 시달렸다. 그런 터라 유럽에서는 오랫동안 집을 비우는 남성들이 마치 문단속하듯 여성의 그곳에 자물쇠를 채우고 출타하는 일이 실제로 종종 있었다. 여성의 치마 속을 단속하기 위한 그 도구를 '정조대'라고 부른다. 십자군 원정 등으로 중세 유럽에서 혈기왕성한 사내들이 자취를 감춘 시대, 노파심 많은 남편은 아내에게 정조대를 착용할 것을 요구했다.

일단 아내에게 정조대를 채우겠다는 발상 자체부터가 큰 문제였다. 나아가 잠깐 동안이라면 모를까 장시간 정조대를 차는 일은 여성에게 이만저만한 고역이 아니었다. 민감한 그곳 주변을 제대로 씻지도 못해 위생적으로도 문제가 많았다. 그만큼 당대 남성은 여성의 몸에 무지했으며, 그렇게까지 해서라도 아내의 외도를 막아보겠다는 열망만이 정조대에 고스란히 담겨 있었다.

정조대는 사용자의 몸에 잘 맞게 맞춤으로 제작해야 했으며 주로 대장장이가 제작을 맡았다. 한데 남편이 멀리 떠난 뒤 아내는 정조대 주문 제작을 맡은 대장장이를 찾아가는 일이 잦았기에 정조대 '여벌 열쇠 판매'는 대장간의 짭짤한 수입원이 되었다. 결국 정조대는 대장장이의 주머니를 두둑이 채워주는 용도 이외에는 제구실을 하지 못하는 애물단지였다.

"여자의 못된 꾀를 봉인할 수 있는 자물쇠 따위는 없습니다"

1540년 무렵 독일에서 제작된 판화에는 금속 재질의 정조대를 팬티처럼 입은 전라의 여성을 가운데에 두고 오른쪽에 그의 남편으로 보이는 노인과 왼쪽에 그의 연인으로 보이는 멋쟁이 남성이 묘사돼 있다.

"내가 시키는 대로 하면 내 재산을 너에게 주겠다. 가방 안의 금덩이를 가지고 가라. 그 자물쇠를 풀어주겠다."

노인이 말했다.

"여자의 못된 꾀를 봉인할 수 있는 자물쇠 따위는 없습니다. 사랑이 흔들리는 곳에 정조는 존재하지 않는답니다. 그러니 내가 찾는 열쇠를 당신(노인)의 돈으로 사겠습니다."

해맑은 얼굴로 대꾸하는 젊은 여자의 시선은 남편인 노인이 아닌 기운 넘쳐 보이는 잘생긴 연인 쪽으로 향해 있다.

"난 그것(여성의 마음)을 여는 열쇠를 가지고 있습니다. 어떤 딱한 사람들은 어리석게도 진짜 사랑을 돈을 주고 사려고 합니다."

잘생긴 젊은 남자가 말했다. 그는 돈으로밖에 여성의 환심을 살

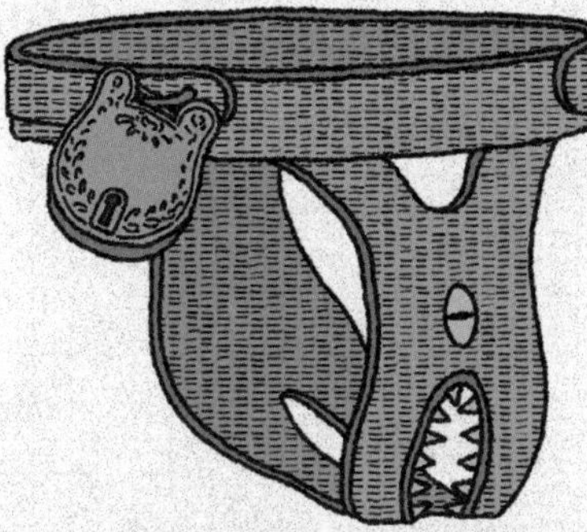

€ 50

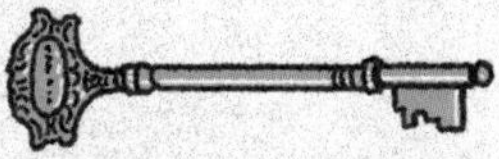

€ 5000

수 없는 노인을 비꼬고 있다.

이 판화는 냉소적인 풍자화로 아내를 둔 남자들의 아픈 속내를 정확히 찌르며 상처를 후벼 파는 비수로 작용했을 가능성이 크다.

1998년 3월 14일자 벨기에 신문《데 모르헌(De Morgen)》에는 아버지가 친자 여부를 의심해 DNA 검사를 의뢰하는 사례가 연간 2,000건이 넘는다는 헨트 임상 유전자센터의 보고 내용을 담은 기사가 실리기도 했다.

여기에서 어떤 결과가 나왔을까? 보고서에 따르면, 전체 의뢰자 중 15퍼센트는 유전자가 불일치해 친자가 아니라는 결과를 통보받는다고 한다.

아내가 임신한 동안 바람을 피우는 남편이 전 세계에 그야말로 차고 넘친다. 그런데 아내의 불륜도 그에 못지않아 15퍼센트의 아내가 외도한다는 자못 충격적인 결과가 20세기 중반 미국의 어느 조사로 밝혀지기도 했다.

600년 넘게 밝혀지지 않은 영국왕 리처드 3세의 충격적 출생의 비밀

이렇듯 안타까운 일은 비단 현대사회에서만의 문제가 아니라 중세 유럽 왕실에서도 찾아볼 수 있는 시대를 초월한 보편적 문제인 것 같다.

영국 과학지 《네이처 커뮤니케이션(Nature Communications)》에 따르면, 2012년 영국 중부 레스터의 주차장에서 발견된 인골은 DNA 감정 결과 15세기 영국 국왕 리처드 3세(Richard III, 재위 1483~1485)로 판명되었다.

해당 유골의 유전자를 정밀 검사한 결과 리처드 3세의 DNA는 아버지의 피, 즉 역대 잉글랜드 왕의 혈통을 물려받지 않았다는 사실이 밝혀졌다. 말하자면 영국 왕실에서는 리처드 3세에서 거슬러 올라가는 그 시점에 적자가 아닌 인물이 왕위에 올랐음이 밝혀진 것이었다. 말하자면 리처드 3세의 선대 왕 시절 왕비인 여성이 외도로 임신하고 그 아들을 남편의 친아들로 위장해 국왕 자리에 옹립했다는 충격적인 사실이 무려 600여 년이 지나서야 판명된 것이다.

리처드 3세는 정통 왕위 계승자인 조카를 죽이고 방계에서 왕위를 찬탈한 악인으로 셰익스피어의 희곡에도 등장한다. 그는 또 1485년 반대 세력과 치열한 전투 중 전사한 뒤 거의 벌거숭이가 된 유해가 벌판에 방치되기도 한 기구한 인물이다(그의 유해가 주차장에서 발견된 것도 그래서인 것 같다). 영국사에서 워낙 '악역'이라는 이미지가 강한 탓에 이번 발표는 무척 흥미로웠다.

그러나 진짜 멋지게 해낸 인물은 친아들이라고 속여 국왕으로 만든 리처드 3세의 어머니였다. 아무리 당시에 유전자 분석 기술이 없었다고 해도 국왕인 남편이나 주위 사람들이 의심하지 않도록 '이 아이는 정통 적자로, 왕위 계승자다'라는 식의 연기를 처음부터 끝까지 실수 없이 펼쳐낸 것이다. 참으로 강심장의 소유자에 탁월한 명 연기자가 아닌가.

이쯤 되면 장기간 여행을 떠나기 전 아내에게 정조대를 채우고 싶어 하는 남편의 마음도 어느 정도 이해가 되지 않나?

EPISODE
24

르네상스 시대 전 유럽에 열풍을 몰고 온 독특한 남성 패션 아이템, 살보대

포경이야말로 최고의 우아함이며
평상시에도 귀두가 노출돼 있다면 야만인의 성기다?

세계사의 페이지를 살펴보다 보면 남성의 그곳은 여성과 비교해 훨씬 시원스럽게 드러나 있다. 일례로 아기일 때 성기의 포피를 잘라내는 '할례'는 유대교와 일부 기독교도 사이에서 지금도 일반적 풍습으로 받아들여진다. 그러나 현재 서구문화의 원류인 고대 그리스 미의식에서는 "포경이야말로 최고의 우아함이며 평상시에도 귀두가 노출돼 있다면 야만인의 성기다"라는 말도 있었다. 그리스에서 이민족을 묘사할 때 대개 귀두가 노출된 상태로 그런 것은 그래서였다(참고로 동아시아에서는 일본 성인 남성의 70퍼센트가 이른바 '포경' 상태라고 하며, 일본과 한국에서 이따금 볼 수 있는 포경 거부 문화가 중국에서는 보이지 않는다).

미켈란젤로의 〈다비드상〉에 남성다운 성기가 아닌 어린아이의 그것처럼 아담한 성기가 달려 있는 까닭은?

기원전 1세기 무렵, 로마제국이 그리스를 포함한 지중해 대부분을 점령했다. 그러나 '그리스는 정치적으로 로마에 편입되어도 문화적으로는 오히려 로마를 집어삼켰다'라는 말이 나올 정도로 로마를 압도했다. 그 연장선에서 '포경예찬주의'도 그리스에서 로마제국으로 계승되어 로마의 '자손'에 해당하는 오늘날 유럽 각국 문화로 흘러들어갔다.

〈다비드상〉 같은 르네상스 시대 미켈란젤로의 조각상은 당당하고 남자다운 체구에 어울리지 않게 아이처럼 아담한 성기가 달려 있다. 이는 그리스에서 '남자의 그곳'에 관한 미의식이 유럽으로 넘어와 계승된 결과로 볼 수 있다.

로마제국은 한때 기독교를 탄압하다가 어느 시기부터 기독교를 인정하고 후원했다. 게다가 심지어 기독교를 국교로 공인하기까지 했다. 기독교는 탄생 이후 유대교와 갈등하며 험악한 관계를 유지해왔다. 본래 기독교는 유대교에서 탄생한 것으로 볼 수 있는데, 성기 포피를 대하는 태도 면에서는 기독교와 유대교가 정반대 노선을 취했다.

포경예찬을 지지하는 로마제국에서 기독교를 믿게 되어서인지 기독교 신자는 아들이 태어났을 때 할례를 행하지 않았다. 반대로 할례를 받은 성기는 징글징글한 유대교 신자의 것이라며 꺼림칙하게 여겼다. 한낱 포피 따위 사소한 것에도 알고 보면 의미심장한 역사가 숨어 있는 셈이다.

르네상스 시대 유럽에서 각선미가 여성 전유물이 아닌 남성미의 상징으로 여겨진 이유

앞에서 미켈란젤로라는 이름이 나왔는데, 그가 살던 르네상스 시대(14~16세기) 유럽을 중심으로 열풍을 몰고 온 남성 패션 아이템이 '샅보대(Codpiece)'였다. 쉽게 말해 사타구니 사이의 불룩한 부분을 예술의 경지로 강조한 패션이다. 그곳 위에 면화, 깃털, 톱밥, 짚 등을 촘촘하게 채워 넣어 그곳이 불룩하게 튀어나와 보이게 만든 것이다.

도대체 어쩌다 이런 기괴한 패션이 탄생한 걸까? 기능적으로 도저히 이해할 수 없는 이 샅보대는 글자 그대로 '남자의 꿈'이 담긴 주머니였다. 귀족의 샅보대에는 금실로 화려하게 수를 놓았고 보석 등을 달아 번쩍번쩍 빛나 보이게 치장했다.

이 샅보대에는 현대인을 기절초풍하게 만드는 또 하나의 기능이 있었다. 그것은 바로 '호주머니' 기능이었는데, 당대인들은 샅보대를 호주머니 대신 사용했다. 즉, 열쇠나 손수건, 사과나 오렌지 등의 과일, 과자 같은 주전부리를 넣어두는 용도로 사용하곤 했다. 심지어 그곳에 넣어두었던 음식을 꺼내어 다른 사람에게 권하는 것이 예의에 어긋나지 않는 행동이었다.

신분 고하를 막론하고 여성은 치렁치렁하게 긴 치마를 입어 발목으로 향하는 시선을 차단하던 시대에 반대로 남성은 발목을 포함해 훤히 드러난 하반신의 아름다움으로 승부를 겨뤘다. 유럽을 비롯해 전 세계적으로 여성이 당당히 짧은 치마를 입고 다리를 드러내고 다니게 된 것은 20세기 중반 이후의 일이다. 그때까지 다리는 남자에게 '생명'과도 같은 신체부위였기에 유럽 상류계급 사람들의 패션에서 남성의 복장은 하반신 노출을 최대한 강조하는 방향으로 개량되고 진화했다.

왜 각선미가 여성 전유물이 아닌 남성미의 상징으로 여겨졌을까? 중세 이후 유럽 사회에서는 '정숙하지 못한 차림은 불경하다(특히 여성의 경우)'라는 인식이 일반적이었다. 기독교에서 비롯된 금욕적 도덕관이 뿌리 깊이 남아 복식에도 영향을 미쳤기 때문이다. 서구문화권에서 여성의 발목은 여성 성기 주변부에 해당해 20세기 중반 무렵 '가슴'에 그 지위를 빼앗길 때까지 성적 매력을 대표하는 신체 부위로 여겨졌다. 반면 남성은 하반신이 중요하다는 인식이 강해 미켈란젤로의 〈다비드상〉도 밑에서부터 올려다보는 구도로 감상하면 잘 발달한 다리 근육의 아름다움이 두드러져 보이게 제작되었다.

온갖 속 재료를 채워 넣어 두툼하게 부풀린 남성의 '샅보대'는 오늘날 패드를 삽입한 여성의 브래지어와 비슷하다. 말하자면 샅보대를 이용해 사타구니에 시선을 집중시키는 패션은 '남성의 아름다움은 하반신에 있다'라는 미의식이 다소 엽기적인 방식으로 강조된 복식으로 볼 수 있다.

샅보대 전성시대를 살았던 셰익스피어는 『베로나의 두 신사(The Two Gentleman of Verona)』에서 줄리아라는 소녀가 소년으로 변장하는 장면을 묘사했다. "남장하려면 샅보대가 달린 바지를 입어야 한다"라는 조언을 들은 줄리아는 "징그럽고 민망하다"라며 부끄러워한다. 비록 샅보대가 눈에 띄도록 장식했어도 여성이 그곳을 뚫어지게 쳐다보는 것은 금지해야 할 민망한 행위로 여겨진 모양이다.

EPISODE

25

기독교가 인정하는 최고 등급의 성유물, 성인의 유해

기독교 성인이 되려면 반드시 충족해야 하는 조건

가톨릭교회에서 신자들의 존경을 한 몸에 받는 대상은 예수 그리스도와 성모 마리아만이 아니다. 신자의 모범으로 생전의 선한 행실과 돈독한 신앙심을 사후에 교회가 인정해 시성한 '성인(聖人)'이 있다.

성인은 지금도 꾸준히 늘고 있다. 가톨릭 달력에는 1년 365일 각 날짜에 해당하는 성인의 축일이 표시되어 있는데 어떤 날은 '오늘의 성인'으로 여러 성인의 이름이 올라 있기도 하다.

성인이 되려면 어떤 조건을 충족해야 할까? 예컨대 '두 가지 이상의 기적을 일으켜야 한다' 같은 어려운 조건을 충족해야 한다. 로마 교황청 안에 시성성(Congregatio de Causis Sanctorum)이라는 부서가 있어 이곳에서 몇십 년에서 몇백 년에 걸쳐 치밀한 조사를 하기도 한다. 이 중에는 '유해 조사'도 포함된다. 기독교에서는 신앙적 이유로 유해를 매장하며 일반적으로 사람의 유해는 3년 정도면 완전히 백골화된다고 본다.

그런데 어떤 이유로 부패하지 않는 유해도 있다. 이런 '초자연적 현상'이 나타난 유해의 주인은 성인으로 인정받기 위한 많은 조건 중 하나를 충족한다.

사후 62년이 지난 뒤에도 부패하지 않은
예수회 수도사 프란시스코 사비에르의 불가사의한 시신

여러 가지 이유로 사후 오랜 시간이 지난 뒤에도 시신이 부패하지 않는 이들이 실제로 존재했다. 예를 들면 1549년부터 1551년까지 일본에서 열심히 포교 활동을 펼친 예수회 수도사 프란시스코 사비에르(Francisco Xavier, 1506~1552)의 시신이 그랬다. 일본을 떠나 중국으로 건너간 직후인 12월, 사비에르는 병을 얻어 선종했다. 최대한 빨리 백골화된 유골을 수습해 고향으로 모셔 가려던 관계자들은 석회를 뿌린 다음 시신을 매장했다. 그런데 그로부터 몇 달이 지나도 사비에르의 시신은 썩지 않았고 살아 있을 때와 똑같은 모습을 유지하고 있었다.

기적이 일어난 사비에르의 유해는 포르투갈령이던 인도 고아에 당분간 안치되었다. 한데 흥분한 광신도 여성이 그의 시신에서 발가락 두 개를 잘라 훔쳐갈 정도로 신도 사이에 엄청난 인기를 끌었다. 1554년 3월의 일이다.

이후 1614년, 로마의 예수회 총회장의 명령으로 사비에르의 오른쪽 팔을 절단해 시신에서 분리했다. 한데 사후 62년의 긴 시간이 지났음에도 시뻘건 피가 콸콸 쏟아져 나오는 그로테스크한 장면이 펼쳐졌다.

절단된 사비에르의 오른팔은 일본과 이탈리아 로마의 교회가 소중히 나누어 보관했다. 또 그의 장기도 연이어 적출되고 잘게 분해되어 세계 각지 교회에 안치되었다.

17세기 말 이후 사비에르의 시신에서 수분이 빠져나가 완전히 미라 상태가 되었으나 여전히 썩지 않았고 지금도 10년에 한 번 주기로 대중에게 공개된다.

가톨릭에서 성인의 유해(성해聖骸)는 그 일부만으로도 신도를 흥분시키고 신앙심을 고취하는 최고 등급의 '성유물'로 보는 경향이 있다. 신도는 이러한 성유물에게 신성한 힘을 기대하기 마련이다. 성유물이 성인을 대신해 기적을 일으킬 것이라는 기대와 믿음에서였다. 일테면 성유물 근처에 가면 병이 씻은 듯 낫는다는 식의

눈으로 확인할 수 있는 기적 말이다.

그러나 기적과 공포가 그야말로 종이 한 장 차이인 사건이 성인의 유해 또는 성유물 가까이에서 일어났다. 톨레도 대주교 성 일데폰소(Ildefonsus, 소임 657~667)가 성 레오카디아(Leocadia, 로마제국에서 기독교가 국교로 공인받기 전인 4세기 초 디오클레티아누스 황제의 기독교 박해로 순교한 소녀)의 성유물이 모셔진 묘에서 기도를 드렸더니 성녀의 영체가 묘에서 홀연히 일어나 대주교를 포옹하는 기적이 일어났다.

일데폰소는 눈 하나 깜짝하지 않고 성녀를 끌어안은 채 옆에 있던 수도사에게 칼을 가져오라고 지시했다. 그러고는 성녀의 영체가 원래대로 돌아가기 전 어떠한 형태로든 '기적'의 증거를 남기려고 안간힘을 썼으나 안타깝게도 그의 베일 일부를 잘라내는 정도에 그쳤다고 전해진다.

참고로 시신이 부패하지 않는 현상은 생전에 악한 행실을 한 사람의 유해에도 일어나는 경우가 있었다. 그 경우 악마가 그 몸에 빙의한 증거로 여겨졌기에 유해가 흙으로 돌아가도록 엑소시즘(퇴마) 의식을 행했다. 그래도 시신이 자연으로 돌아가지 않으면 수산화나트륨 등을 뿌려 백골화할 때까지 시신을 녹였다.

5

'성'과 '사랑'을 도구로 부와 권력을 쟁취하려 분투한 사람들 이야기

EPISODE
26

'성'을 무기로 신분 상승의 꿈을 이룬 여성, 퐁파두르 부인

'연인을 즐겁게 해주는 탁월한 기술' 하나로
평민에서 귀족으로 신분 상승한 입지전적 인물 퐁파두르 부인

'유리 구두'를 매개로 드라마틱한 신분 상승을 이룬 동화 속 여자 이야기, '신데렐라'. 18세기 프랑스에 신데렐라에 뒤지지 않는 흥미진진한 이야기가 있었다. 퐁파두르 부인(Madame de Pompadour, 1721~1764)이 바로 그 주인공인데, 그는 연인을 즐겁게 해주는 탁월한 기술 하나로 평민 신분으로 태어나 귀족이 된 입지전적 인물이다. 어쩌면 그는 자신의 능력으로 '유리 구두'를 쟁취한 진정한 '신데렐라'가 아니었을까.

퐁파두르 부인을 영광스러운 자리에까지 끌어 올린 인물은 젊어서부터 잘생긴 외모로 '친애왕(親愛王, le Bien-Aimé)'이라 불린 프랑스 국왕 루이 15세(Louis XV, 재위 1715~1774)였다. 별명 그대로 가장 많이 사랑하고 또 많은 사랑을 받은 왕 루이 15세는 침대에서도 열정을 불태웠다.

루이 15세는 정력이 왕성해서 신혼 시절에는 후끈후끈한 관계였던 마리 레슈친스카(Marie Leszczyńska) 왕비와 11년 가까운 기간에 열 명의 자녀를 출산했다.

"이제 더는 임신과 출산을 하지 않을 테니 제 침소에 들어오지 마십시오."

남편의 쉴 새 없는 애정 공세에 지친 왕비는 침실 출입 금지를 선언하며 관계가 식었음을 통보했다.

그 후로도 루이 15세는 연인이 생기면 밤낮으로 지치지 않고 섹스를 했고, 여자가 지쳐 나가떨어지거나 체력이 다해 죽으면 다른 섹스 파트너를 찾는 식으로 쉼 없이 새로운 연인을 찾아다녔다.

심각한 불감증이었던 퐁파두르 부인은 어떻게 성관계에 병적으로 집착하는 루이 15세의 총애를 유지할 수 있었을까

루이 15세가 퐁파두르 부인을 처음 만난 때는 자신이 아끼고 사랑해 작위까지 내린 샤토루 여공작 마리 안 드 마이넬(Marie Anne de Mailly-Nesle)이 돌연사한 후의 어느 날이었다. 여담이지만, 루이 15세의 연인 마리 안이 상당한 정치력을 가진 인물이었기에 반대파가 독살했다는 소문도 퍼져 있었다.

퐁파두르 후작 부인은 갖은 권모술수를 동원해 국왕의 관심을 끄는 데 성공했고, 평민 출신으로는 최초로 국왕의 공식 정부가 되었다. 1745년 9월 14일의 일이다.

"내 시대가 왔다!"

국왕의 총애를 등에 업은 퐁파두르 부인은 자신감에 차 있었다. 그때까지 귀족 여성이 독점하던 국왕의 공식 정부 자리를 평민 신분으로 쟁취했기 때문이다.

그러나 공식 정부로 베르사유궁에서 사는 삶이 생각처럼 녹록하지는 않았다. 이른 아침부터 밤늦게까지 빼곡한 일정을 소화해야 했을 뿐 아니라 그 와중에 틈틈이 자신의 육체를 탐하는 국왕의 욕구를 충족시켜주어야 했기 때문이다.

게다가 난감하게도 퐁파두르 부인은 심각한 불감증이 있었다. 그는 치료를 받았음에도 성관계 자체에 아무런 흥미를 느낄 수 없었다. 그랬기에 그는 국왕의 잠자리 요구에 응하는 일이 무엇보다 고역이었다. 성관계에 병적으로 집착하는 남성이 성관계라면 고개를 절레절레 흔들고 치를 떠는 여성을 자신의 '운명'의 상대라고 느끼게 하려면 어마어마한 연기력과 목표 의식이 필요하지 않았을까.

스물네 살 무렵부터 강행군에 가까운 생활을 이어가던 퐁파두르 부인은 서른 살 즈음 자신에게 마침내 한계가 왔음을 깨달았다. '여기서 지쳐 나가떨어지면 자신의 전임자, 즉 루이 15세의 전 정부들과 비슷한 처지가 되고 만다.'

퐁파두르 부인은 수준 높은 교양과 탁월한 판단력, 남다른 결단력을 지니고 있었다. 그는 이들을 무기 삼아 국왕의 일상생활에서 정치 문제에 이르기까지 모든 것을 보필하는 조언자 역할로 자신의 지위를 다지겠다고 결심했다.

퐁파두르 부인은 루이 15세에게 플라토닉한 관계로 바꾸고 싶다고 청했고 그 바람을 이루었다. 이후 그는 베르사유궁에서 나와 별궁에 거처를 마련하고 따로 지냈다.

"저 대신 제가 골라 드린 여성과 침소에 드시옵소서."

퐁파두르 부인은 실세에서 물러나 뒷방 마님으로 만족할 여인이 아니었다. 국왕의 마음이 자신에게서 다른 여자에게 옮겨갈까 두려웠던 그는 왕에게 솔깃한 제안을 했다.

잠자리를 삶의 유일한 낙으로 삼고 살아가던 국왕과의 잠자리를 거부한 퐁파두르 부인은 베갯머리 권력을 계속 유지하기 위해 베르사유궁에서 멀지 않은 곳에 '사슴 정원(Parc-aux-cerfs)'을 조성했다. 1751년의 일이다. 국왕 단 한 사람을 위한 하렘이라는 기상천외한 발상으로 만들어진 환락 시설이었다.

루이 15세를 위한 성노리개 여성을 모집할 때 '처녀여야 한다'라는 조건이 들어 있던 중요한 이유는?

사슴 정원에 관해 가장 자세한 기록을 남긴 이는 잔 베퀴 바리 백작부인(Jeanne Bécu, Comtesse du Barry)이었다. 그는 퐁파두르 부인이 세상을 떠난 후 한동안 공석이던 공식 정부 자리를 꿰찬 인물이다. 바리 백작부인은 여러 면에서 퐁파두르 부인과 비슷한 점이 많았다. 우선 신분 면에서 그랬다. 그 역시 평민으로 태어나 남자를 즐겁게 해주는 재주 하나로 루이 15세의 환심을 사 출세 가도에 올랐다. 바리 부인은 윤리적으로 결벽증 기질이 있었던 마리 앙투아네트가 '천한 여자'라며 말조차 섞지 않으려 했다는 일화로도 유명하다.

바리 부인의 『회상록(Memoirs)』에 따르면, "당신도 국왕의 정부라면 퐁파두르 부인처럼 사슴 정원의 여주인이 되어 한번 멋지게 운영해보라"라는 국왕 측근의 권유를 받았다고 한다. 사슴 정원에 들어가는 한 해 경비는 40~50만 리브르에 달했다고 한다. 훗날 민중의 분노를 산 마리 앙투아네트의 천문학적인 의상비가 연간 25만 리브르 정도인데, 그 금액을 훨씬 뛰어넘는 액수다(참고로 1리브르는 오늘날 가치로 환산하면 1만 원이 조금 넘는 금액이다).

아담한 저택에서 지명된 소녀가 소수의 시종과 국왕을 맞이하는 것이 '사슴 정원의 영업 방침'이었다는데, 왜 그렇게까지 많은 비용이 필요했을까? 지명된 소녀 외에도 많은 소녀가 다른 건물에서 생활하며 국왕의 지명을 기다렸기에 그 많은 소녀를 먹이고 입히고 교육하는 일종의 기숙사 비용이 필요했기 때문이다.

사슴 정원이 관리하는 소녀는 대부분 아홉 살부터 열여덟 살 사이였으며 열다섯 살 정도가 되면 국왕의 지명을 받았다.

소녀들은 내부에서는 '여학생'이라고 불렸고 사감 역할을 하는 귀족 출신 '마담'의 관리를 받으며 외부 세계와 격리된 환경에서 기본 교양과 음악 등을 공부했다. 또 국왕을 성적으로 즐겁게 해주는 기술도 배웠다.

바리 부인의 증언에 따르면, '마담'과 국왕의 시종은 포주에게 거액의 몸값을 지불하고 가난하지만 아리따운 소녀를 사슴 정원으로 영입했다. 선발 및 영입에 있어 '처녀여야 한다'는 조건이 있었던 것은 루이 15세가 처녀를 선호했기 때문은 아니었다. 그보다는 처녀라면 매독 같은 성병에서 안전하리라는 대전제가 깔려 있었기 때문이다. 호색한인 국왕은 성병에 걸릴까 봐 늘 노심초사했다고 한다.

퐁파두르 부인은 생전에 직접 나서서 '마담' 역할을 한 것으로 추정된다. 국왕이 특정 소녀에게 푹 빠져 지내는 동안 이미 국왕과 수없이 성관계를 하고 임신까지 한 다른 소녀는 거액의 지참금을 받고 뱃속 아이와 함께 양가집에 시집보내졌다. 물론 모든 소녀에게 그런 행운이 찾아온 것은 아니었고, 미모가 출중한 데다 남자를 기쁘게 해주는 능력이 탁월한 소녀에게만 해당되는 얘기였다.

물론 '사슴 정원'에서 일어난 일을 절대로 밖에 나가 얘기해서는 안 되었다. 또 국왕에 관해 알아서는 안 되는 어떤 비밀을 알게 된 소녀는 수도원에 유폐되어 평생을 세상과 등진 채 보내야 했다. 바리 부인의 『회상록』에는 이러한 이야기가 담겨 있었다.

총 300명이 넘는 소녀가 루이 15세에게 성적으로 봉사했고 '사슴 정원'에서 태어난 국왕의 사생아는 60명이 넘었다. 이렇듯 많은 소녀의 참담한 '희생'을 밑거름 삼아 국왕의 총애를 유지한 퐁파두르 부인은 자신의 선택과 행위를 어떻게 생각했을까? 그는 그 희생이 자신의 권력을 탄탄한 반석 위에 세우기 위해 반드시 치러야 할 대가, 즉 일종의 필요악이라고 여겼다.

여러 설이 분분하나 '사슴 정원'의 아이디어를 떠올리고 그 작동 방식을 고안해 실행에 옮긴 사람은 퐁파두르 부인이었다고 여겨진다. 물론 처음에 그 혐오스러움에 몸서리치다가 국왕의 명령을 어길 수 없어 어쩔 수 없이 운영을 맡았다거나, 처음에는 거부감에 몸을 뺐으나 나중에 적극적으로 가담했다는 주장도 있다.

퐁파두르 부인은 프랑스 로코코 양식이 전성기를 누리던 시대를 살았다. 그리고 그 시기에 프랑스는 '유럽에서 가장 세련되고 멋진 나라'라는 국가 브랜드 이미지를 완성했다. 어떤 관점에서 퐁파두르 부인은 프랑스라는 나라의 브랜드를 만든 프로듀서였다고 할 수도 있다. 어쨌든 그는 프랑스가 누린 영광의 기틀을 놓은 인물이기도 했다. 그런 그의 영광을 뒷받침해준 기둥 중 하나가 바로 '사슴 정원'에서 일한 몇백 명의 이름 없는 소녀들이었다.

EPISODE
27

남편의 관과 함께 황야를 떠돈 스페인의 '미친 여왕' 후아나

남편과의 애증이 난무한 결혼생활이 광기의 원인이 되어 '미친 여왕'이라는 별명을 얻은 후아나 여왕

왕이나 귀족 등 상류계급에서 정략결혼은 드문 일이 아니다. 사랑 없이 정략결혼의 희생양으로 맺어진 뒤 한 집안에서 서로 으르렁대며 극도의 불화를 겪으며 사는 부부도 적지 않았다. 그 한 예로 카스티야 왕국(나중에 아라곤 왕국과 합병해 스페인 왕국의 핵심이 되었다)의 여왕 후아나(Juana I de Castilla, 재위 1504~1555)와 펠리페 1세(Felipe I de Castilla, 재위 1506~1506)의 살벌한 일상을 잠시 들여다보자.

후아나는 '미친 여왕(la Loca)'이라는 별명으로 알려졌는데, 남편과의 애증이 난무한 결혼생활이 광기의 원인이 된 것으로 보인다.

후아나는 카스티야 여왕 이사벨 1세(Isabel I de Castilla, 재위 1474~1504)와 아라곤 왕 페르난도 2세(Fernando II de Aragón, 재위 1479~1516) 부부의 딸로 1479년에 태어났다. 후아나의 부모는 당시만 해도 매우 드문 연애결혼을 했고 두 왕국의 영토는 합병되어 스페인 왕국의 시초가 되었다.

후아나는 명문 합스부르크 가문의 혈통을 이어받은 귀공자 펠리페와 결혼했다. 합스부르크 가문이 지배하는 플랑드르 지방은 무역 발전에 힘입은 튼튼한 경제력으로 찬란한 궁정 문화를 꽃피웠다. 카스티야 왕국의 고리타분하고 수수한 궁정 생활과는 차원이 다른 활기차고 세련된 궁정 문화를 발전시켰다. 너무도 다른 환경에서 자란 두 사람이었지만 후아나는 펠리페를 만난 순간 첫눈에 반해 사랑에 빠졌다.

잘생긴 바람둥이 남편에게 신체적·정신적으로 학대당하는 후아나

펠리페는 '미남왕(el Hermoso)'이라는 별명이 붙을 정도로 출중한 외모의 소유자였다. 펠리페도 처음에는 후아나에게 다정했다. 고지식한 모범생 타입이던 후아나는 초상화를 보면 비운의 여주인공 분위기가 감도는 아름다운 여성이었음을 추측할 수 있다. 그러나 펠리페는 아리따운 여성을 보면 이미 결혼한 귀부인이든 시녀든 가리지 않고 누구에게나 작업을 거는 호색한 중의 호색한이었다. 두 사람은 근본적으로 맞지 않는 한 쌍이었다.

합스부르크 가문 궁정에서 '외부인'이던 후아나는 음습한 분위기 속에서 모진 따돌림과 괴롭힘에 시달렸다. 친정에서 데려온 신하들과 연락조차 취할 수 없었던 후아나는 낯선 곳에서 철저히 고립된 신세가 되었다. 게다가 펠리페가 후아나에게 정기적으로 주기로 계약된 돈도 전혀 지급되지 않을 정도로 심한 푸대접을 받았다.

호화로운 생활을 하는 사람들이 모이는 장소인 궁정에서 오로지 후아나만 돈에 쪼들리는 궁핍한 생활을 했다. 서러운 대접을 받으면서도 후아나는 한동안 의연하게 견뎠다. 남편 펠리페를 사랑했기 때문이다. 그러나 후아나의 지고지순한 순정을 펠리페는 오히려 무거운 족쇄처럼 느꼈다. 그는 화가 나면 아내에게 폭언을 일삼고 손찌검을 했다. 한바탕 폭력을 행사하고는 침대에서 격정적으로 끌어안으며 용서를 비는 전형적인 폭력 남편이었다.

인내와 굴종이 이어지는 생활을 하는 과정에서 후아나의 신경은 이상한 방향으로 예민하게 발달하기 시작했다. 그는 남편의 연인으로 의심되는 시녀를 닦달하는 데서 그치지 않고 앞머리를 볼썽사납게 뎅겅 잘라버리기도 했다. 충격을 받고 흐느껴 우는 시녀를 그는 깔깔거리고 웃으며 조롱했다. 펠리페는 막 나가는 아내의 행실을 듣고 격노했다.

"당신 같은 여인과는 두 번 다시 한 이불을 덮지 않겠소!"

급기야 펠리페는 다른 사람들이 듣는 곳에서도 거침없이 아내 후아나를 매도했고, 그는 여자로서 심한 수치심과 모욕감을 느꼈다.

펠리페의 '한 이불을 덮지 않겠다'는 선언은 지켜졌을까? 물론 그렇지 않았다. 펠리페와의 결혼생활에서 후아나는 여섯 명의 자녀를 낳았기 때문이다.

후아나가 '여왕' 자리에 오르자
두 사람의 관계가 단숨에 역전되다

그러던 어느 날 갑자기 이 부부의 역학관계가 뒤바뀌는 순간이 찾아왔다. 후아나의 어머니 이사벨 1세 여왕이 세상을 떠나며 후아나가 카스티야 여왕 자리를 계승하게 된 것이었다. 1504년의 일이다. 그런 터라 펠리페도 친정으로 돌아가는 후아나를 따라가 처가살이를 시작하게 되었다.

펠리페는 자신에게 폭 빠진 아내를 살살 구워삶아서 카스티야 왕위를 가로챌 속셈이었다. 그도 그럴 것이 당시 펠리페는 합스부르크 가문에서 계승 서열이 낮아 왕위를 차지할 가능성이 낮았기 때문이다. 사랑을 무기로 상대방의 소유물을 명의 변경해 차지하곤 하는 것이 당대 정략결혼으로 부부가 된 이들이 맞닥뜨리게 되는 냉혹한 현실이었다.

그러나 부부가 카스티야로 돌아와 후아나가 여왕이 되자 두 사람의 상하 관계가 단숨에 역전되었다. 후아나는 남편에게 국왕의 왕관을 씌워줄 생각이 전혀 없었다. 게다가 그는 공동 통치 형태도 전혀 염두에 두지 않았다.

계획이 틀어진 펠리페는 자신이 카스티야 왕국의 공동 통치자라고 혼자 주장하며 정신 승리하는 수밖에 없었다. 정략결혼에는 고도의 줄타기가 뒤따르기 마련이다. 결혼생활은 애정 문제만이 아니라 각자 가문의 긍지와 명예를 걸고 때론 상대방에게 복종을 요구해야 하는 힘겨루기가 요구되기 때문이다.

얼마 지나지 않아 아슬아슬한 두 사람의 관계에 완전히 마침표를 찍는 사건이 발생했다. 펠리페가 느닷없이 사망한 것이다.

죽은 남편의 시신을 마차에 싣고 3년 동안이나 추모 여행을 한 '미친 여왕'

펠로타라는 스포츠 경기가 있다. 작은 채를 들고 벽을 향해 힘껏 공을 튕겨 상대방을 공격하는 스포츠 종목인데, 스페인 바스크 지방에서 맨 처음 시작되었다. 한데 이 경기를 즐기던 펠리페는 한바탕 땀을 흘리고 난 뒤 목이 탔는지 나무 그늘에서 찬물을 벌컥벌컥 들이켰다. 한데 그 물이 화근이었다. 공교롭게도 오염된 물을 마신 펠리페의 몸 상태는 급격히 나빠졌고 폐렴으로 의심되는 증상이 심해져 숨을 거두었다(누군가에게 독살당했다는 주장도 있다). 1506년 9월 말의 일이다.

남편의 갑작스러운 부고를 들은 후아나는 너무도 큰 슬픔에 그만 넋이 나갔으며 정신착란을 일으켰다. 그의 가슴에는 난봉꾼 남편을 사랑하는 마음이 아직 남아 있었기 때문이다.

프란체스코회 수도사가 죽은 남편의 시신 앞에서 가슴을 쥐어뜯으며 울부짖는 후아나를 진정시키려고 이렇게 말했다.

"너무 상심하지 마십시오. 펠리페 님은 반드시 부활하십니다. 실제로 죽은 사람이 되살아난 전례가 있사옵니다."

기적을 바라는 마음은 절망의 구렁텅이에 빠진 사람이 다시 기어 올라올 수 있게 해주는 힘과 용기를 주는 법이다. 그러나 절대로 일어날 수 없는 기적을 바라는 후아나의 이성은 이미 무너져 있었다.

후아나는 남편의 시신과 함께 여행을 시작했다. 아이러니하게도 남편이 죽은 뒤에야 비로소 그를 온전히 독점하게 된 셈이었다. 그는 남편의 시신을 흑단으로 만든 관에 안치했다. 그런 다음 상여 대신 네 필의 검은 말이 끄는 검은 옻칠한 장례용 마차에 관을 실었다.

여행의 대외적인 목적은 남편의 유해를 그의 어머니 이사벨 여왕이 잠든 도시 그라나다로 운구한다는 것이었다. 그러나 이 추모 여행은 무려 3년 동안이나 이어졌다.

당시 스페인은 시가지를 벗어나면 나무 한 그루 풀 한 포기 자라지 않는 황무지나 다름없는 삭막한 풍경이 끝도 없이 펼쳐졌다. 메마른 황야 한복판에서 후아나는 밤낮으로 마차를 달렸다. 펠리페가 당장이라도 되살아날지 모른다고 믿었던 후아나는 조금이라도 그런 기미가 느껴지면 관 뚜껑을 열어 확인해야 직성이 풀렸다. 그때마다 그는 가던 길을 멈추고 마차를 세우게 했다. 한때 '미남왕'으로 불리던 펠리페의 시신이 부패하며 백골이 드러났다. 그런데도 후아나는 포기하지 않았다.

수도원에 남편의 관을 안치한 뒤 스스로
어느 성에 들어가 46년 동안 자신을 철저히 유폐하다

세월이 흘러 추모 여행을 나선 지 3년이 지났을 무렵 후아나는 드디어 토르데시야스성 안에 있는 수도원에 도착해 남편의 관을 안치했다. 그리고 그 수도원에 인접한 어느 성에 들어가 46년 동안 한 발짝도 문 밖으로 나오지 않고 '미친 여왕'으로서 자신을 유폐했다.

후아나는 이따금 온전한 정신을 되찾기도 했으나 대체로 그의 정신은 광기의 밑바닥에 납덩이처럼 가라앉아 있었다. 그는 제대로 된 옷이 아닌 대충 누더기를 걸친 채 여기저기 변을 보고 다니며 식사를 포함한 대부분의 생활을 바닥에서 짐승처럼 뒹굴며 해결했다.

유리창도 없고 외풍이 그대로 들이치는 구석진 독방에서 46년의 긴 시간을 홀로 보낸 후아나는 공식적으로는 퇴위를 거부하고 여왕 자리를 자식을 포함한 그 누구에게도 양위하지 않았다. 사랑하는 남편 펠리페에게도 넘겨주지 않았던 여왕 자리는 그에게 하나의 중요한 존재 증명과 같았다. 여자로서의 행복과 여왕으로서의 지위를 맞바꾼 기구한 운명의 인생은 76년이라는 기나긴 세월 동안 이어졌다.

EPISODE

28

'블러디 메리'라는 악명을 얻은 메리 여왕의 황당한 '상상 임신'

모든 것을 다 가진 합스부르크 가문의 귀공자 펠리페가
꼬장꼬장한 성격에 촌티 나는 연상녀 메리와 결혼하고 싶어 한 이유

역사상 오랜 세월 부와 권력을 손에 쥔 명문가에서 태어난 여성에게 가장 중요한 과업은 무엇이었을까? 단연 '결혼'이었다. 그러나 신분이 높고 고귀한 사람일수록 결혼생활은 순탄하기 어려웠다. 여성에게 임신과 출산을 당연하게 요구하는 사회에서 여성이 느끼는 중압감은 상상 이상이었을 것이다.

잉글랜드 여왕 메리 1세(Mary I of England, 재위 1553~1558)는 헨리 8세의 큰딸로 태어났다. 1516년의 일이다. 헨리 8세의 첫 왕비 아라곤의 캐서린(앞장에서 소개한 미친 여왕 후아나의 여동생)이 무려 여섯 번째 출산 후 처음으로 사산이 아닌 상태로 낳은 귀한 아기가 바로 메리였다.

부왕 헨리 8세는 재혼해서 얻은 아들로 대를 이을 생각이었으나 로마 가톨릭과 교황이 이혼과 재혼을 인정하지 않자 가톨릭 신앙을 버렸다. 헨리 8세는 잉글랜드와 로마 교황청과의 관계를 단절하고 독자적인 기독교 단체인 영국 국교회를 설립했다.

독실한 가톨릭 신자였던 어머니 캐서린의 믿음을 물려받은 메리에게 아버지는 그야말로 '이단'이었고, 기독교 교리상 이단은 절대로 용서받을 수 없는 불경죄였다.

세월이 흘러 메리의 혼기가 꽉 찼다. 과년한 딸을 어떻게 해야 할까. 아버지 헨리 8세에게 메리의 결혼 문제는 골칫거리였다. 메리도 고민스럽기는 마찬가지였다.

외국에서 내로라하는 집안의 신랑감이 줄줄이 메리에게 혼담을 넣었다. 그중에서도 스페인 왕가의 펠리페(훗날 펠리페 2세Felipe II de España, 재위 1556~1598)가 특히 열정적으로 구애했다.

초상화만 놓고 보면 펠리페는 남자다운 얼굴의 귀공자다. 눈동자 세 군데에 흰자위가 드러나는 삼백안(三白眼)이 그의 얼굴에 개성을 더해주었고, 날카롭고 야심으로 이글거리는 눈매가 이지적 분위기를 만들어주었다. 펠리페는 스페인 왕가 출신일 뿐 아니라 유럽 최고 명문가인 합스부르크 가문의 왕자였다. 당연히 펠리페의 혈통은 당시 결혼 시장에서 단연 최고 가치가 매겨졌다.

섬나라 잉글랜드에서 태어나 아버지에게 구박받는 미운 오리 새끼이던 메리에게 합스부르크 가문의 후계자인 펠리페와 결혼해서 얻을 수 있는 왕비라는 칭호는 군침을 삼키게 하는 혼처였다.

반대로 모든 것을 다 가진 합스부르크 가문의 귀공자가 유럽 변경 섬나라 왕조의 딸에게 눈독을 들일 이유가 뭐가 있을까? 게다가 메리는 꼬장꼬장한 성격이 얼굴에 그대로 드러나는 데다 촌티를 벗지 못한 연상의 여인이었다. 그런데도 펠리페가 메리를 선택한 데는 지극히 현실적인 이유가 있었다. 그것은 바로 메리가 물려받게 될 막대한 재산과 지위가 탐났기 때문이다. 그걸 얻고 싶은 욕심에 여자로서의 매력이 떨어지는 메리를 아내로 선택한 것이었다.

메리 여왕은 왜 '블러디 메리'라는 악명 높은 이름을 얻게 되었나

메리에게는 펠리페를 남편으로 맞아들이기 위해 넘어야 할 몇 가지 장애물이 있었다. 먼저 잉글랜드 여왕이 되어 주권과 막대한 재산을 손에 넣어야 했다. 이어서 아버지 헨리 8세의 재혼 문제로 틀어질 대로 틀어진 로마 교황청과의 관계를 회복하는 더 큰 난관을 넘어야 했다.

비록 메리 자신은 가톨릭 신앙을 고수했으나 그의 나라 잉글랜드는 가톨릭 국가에서 이탈한 상태였다. 한데 그가 결혼하려는 펠리페는 스페인 왕의 아들이자 장차 왕이 될 인물이었으며 '가톨릭의 수호자'로 불리는 특별한 존재였다. 그랬기에 무엇보다 먼저 여왕이 되어 한시 바삐 잉글랜드를 가톨릭 국가로 되돌려야 한다는 게 전제 조건이었다.

메리의 남동생 에드워드 6세(Edward VI, 재위 1547~1553)가 열다섯 살의 어린 나이로 병사하자 메리는 영국 국교회 신자로 여왕으로 지명된 제인 그레이(Jane Grey, 재위 1553~1553)를 폐위해야 한다며 죽기 살기로 덤볐다. 그는 지지자를 모아 쿠데타를 일으켰다.

여왕 자리에 오른 제인 그레이의 재위 기간은 메리의 쿠데타로 인해 아흐레 만에 끝나버렸다. 왕좌에서 끌려 내려와 투옥된 가련한 처지의 제인 그레이는 새로운 여왕이 된 메리의 명령으로 목이 달아났다.

여왕이 된 메리는 영국을 가톨릭 국가로 복귀시켜 펠리페와 팔짱을 끼고 결혼식장에 입장하기 위한 수를 치밀하게 두기 시작했다. 그러나 모든 일이 그의 의도와 바람대로 되지만은 않았다. 그대로 두었다가는 잉글랜드가 통째로 스페인 손에 넘어갈 수도 있다고 염려한 신하들이 몇 번이나 쿠데타를 일으켰기 때문이다.

펠리페는 왕세자로 장차 스페인 국왕이 될 몸이었다. 그런 터라 메리 여왕과 펠리페 왕자의 결혼이 성사되면 잉글랜드는 여차하면 스페인에 합병될 위험이 있었다. 제도적으로는 잉글랜드의 독립이 보증되었으나 당시 법에 따르면 왕의 뜻대로 얼마든지 주무를 수 있는 여지가 있었기 때문이다. 그런 데다 애초 메리가 자신의 혼사를 방해하는 세력을 눈 하나 깜짝하지 않고 숙청하는 잔인한 인격의 소유자인지라 신하들의 불안감이 커지는 것은 어쩌면 당연한 일이었다.

게다가 메리는 가톨릭으로 재개종하고 싶어 하지 않는 영국 국교회 신자들을 힘으로 찍어 눌렀기에 국내에서도 피바람이 몰아쳤다. 이렇게 그는 '피의 메리', 즉 '블러디 메리(Bloody Mary)'라는 오명으로 불릴 밑바탕을 착실히 쌓아갔다. 참고로, 토마토주스를 넣어 선명한 붉은색을 띠는 칵테일 '블러디 메리'는 반대파를 무자비하게 숙청해 영국 전역을 피로 물들인 무시무시한 이 여인의 이름에서 비롯되었다.

멀어져 가는 남편의 마음을 붙잡고 싶어 한 메리의 간절한 마음이 '상상 임신' 해프닝으로 번지다

마침내 메리는 펠리페와 결혼식을 올렸다. 1554년 7월 20일의 일이다. 메리의 사랑하는 남편 펠리페는 잉글랜드의 '공동 통치자'의 지위(잉글랜드에서는 필립 1세)를 얻었다. 열한 살이나 어린 남편과의 결혼생활은 막상 뚜껑을 열고 보니 달콤한 장밋빛과는 한참 거리가 멀었다. 잉글랜드에 머무르는 동안 남편 펠리페는 메리의 이복 여동생 엘리자베스(훗날 엘리자베스 1세)에게 흑심을 품었고, 눈치 빠른 메리는 자신에게서 멀어지는 남편의 마음을 간파하고 마음이 불안해졌다.

부부 관계를 회복하려면 메리는 하루 빨리 남편의 품에 아이를 안겨주어야 했다. 그러나 여자로서 메리의 운명은 40여 년 전 메리의 어머니 캐서린이 아이를 낳지 못해 고초를 겪은 것과 같은 길을 걸었다.

사랑을 위해서라면 무엇이든 할 수 있는 여자가 바로 메리였다. 그러나 사랑만으로는 극복할 수 없는 운명도 있었다. 애초 임신과 출산의 문제는 사람의 힘만으로 어찌 해볼 수 없는, 신의 영역이었다. 펠리페의 아이를 갖지 못해 메리는 하루하루 가슴이 새까맣게 타들어갔다.

메리의 간절한 마음이 마침내 하늘을 움직였는지 메리가 임신에 성공했다. 이때 그의 나이 서른여덟 살이었다. 메리는 뛸 듯이 기뻐하며 온 천하에 자신의 임신을 공표했다. 그러나 출산 예정일이 지나도 뱃속 아기는 좀처럼 세상에 나올 기미가 없었다.

메리는 예정일을 한 달 남짓 잘못 계산했다고 변명했으나 산달을 한참 넘기고도 아기는 태어나지 않았다. 그도 그럴 것이 그 모든 것은 병든 메리의 뇌가 만들어낸 환상, 즉 상상 임신이었기 때문이다. 메리는 자신의 고귀한 신분을 내세워 의사의 검진을 거부했다. 치료받을 시기를 놓친 그의 정신은 점점 더 병들어갔다.

이후 마흔두 살에도 메리는 또다시 (상상) 임신을 발표하고 한바탕 호들갑을 떨었으나 펠리페의 마음은 차갑게 식어갔다. 이렇게 두 번이나 (상상) 임신을 주장할 수밖에 없었던 메리를 홀로 남겨두고 펠리페는 그의 곁을 영원히 떠나버렸다.

운명의 여신은 잔혹했다. 메리가 느꼈던 임신 징후는 사실 난소 종양이었다. 병세는 나날이 나빠졌고 메리는 침상에 누워 지냈다.

와병 생활이 길어지자 메리는 모든 것을 포기하고 영국 국교회 신자이자 이복 여동생인 엘리자베스를 후계자로 지명할 수밖에 없었다. 이는 그가 죽기 하루 전의 일이었다. 이렇게 해서 기가 센 아버지와 자매의 그늘에 숨어 지내던 엘리자베스가 드디어 빛의 세계로 나올 수 있게 되었다.

힘들게 양지로 나온 엘리자베스는 아버지와 어머니, 의붓어머니, 이복 자매인 메리의 '결혼'을 둘러싼 막장 드라마를 신물 나게 보아왔기에 '나는 누구와도 결혼하지 않고 처녀 왕으로 영국을 다스리겠다'고 결심한 것이 아닐까.

EPISODE

29

합스부르크가의 걸출한 여제이자 위험하고 해로운 독을 품은 어머니였던 마리아 테레지아

남편 프란츠 슈테판을 허수아비 황제로 만들고

사실상 여제로 군림한 마리아 테레지아

오스트리아 빈 중심부에는 합스부르크 가문 사람들이 살던 궁전 호프부르크(Hofburg)가 있다. 그들은 호프부르크궁에 비교적 근래인 1918년까지 살았으며 궁전 바로 옆에 카푸치너성당(Kapuzinerkirche)이 있다.

카푸치너성당에는 외관 이상으로 넓은 지하 공간이 마련되어 있어 빈의 주인이던 합스부르크 가문 사람들의 관이 빼곡히 들어차 있다. 그리고 그 한가운데에 단연 화려한 장식이 돋보이고 한

결 널찍한 공간에 안치된 거대한 관에 빈 합스부르크 가문의 최전성기를 이룩한 여제 마리아 테레지아(Maria Theresia, 1717~1780)가 잠들어 있다.

마리아 테레지아는 아버지 카를 6세(Karl VI, Holy Roman Emperor, 재위 1711~1740)의 4남매 중 둘째로 그보다 한 해 앞서 태어난 오빠는 태어난 지 얼마 안 되어 죽었다. 그 때문에 첫째 딸인 마리아 테레지아는 '여제'로 불렸으나 실제로는 남편 프란츠 슈테판(Franz Stephan von Lothringen)이 프란츠 1세(Franz I, Holy Roman Emperor, 재위 1745~1765)로 황제 자리에 올랐다. 그럴 수밖에 없는 것이 합스부르크 가문의 법에 여성이 황제가 될 수 있는 조항이 없었다. 아무튼 능력이 출중한 마리아 테레지아가 정무를 장악하고 허수아비 황제였던 프란츠 슈테판은 꿔다 놓은 보릿자루 취급을 받은 모양이다.

추악한 결과를 불러온 마리아 테리지아 법안, '순결 협정'

마리아 테레지아는 그야말로 실력이 출중한 지도자였다. 대외정책도 탁월한 한편 다른 나라와 비교해 50~100년 이상 일찍 의무교육을 시행하고 공립병원을 충실히 갖추는 등 민생도 빈틈없이 챙겼다. 특히 교육·의료 정책은 한 국가의 지도자로서 신념을 가지고 뚝심 있게 밀어붙이지 않으면 안 되는 영역이다.

반면 추악한 결과를 불러온 법안도 있다. 마리아 테레지아는 전 국민에서 '순결 협정'이라는 이름으로 불린 도덕 규칙을 강제로 따르게 했다.

이 도덕 규칙은 단순히 깨끗하고 바르게 살라는 도덕적 정론과는 차이가 있었다. '남녀 모두 결혼 전 잠자리를 가져서는 안 되고, 불륜을 저질러서도 안 되며, 당연히 동성애도 금지한다' 등의 규칙을 지켜야 했고, 이를 어긴 사람에게는 엄한 벌을 주는 억압적 정책이었다. 특히 독신 여성이 복수의 남성과 성관계를 맺는 일은 매우 엄격하게 금지되었다. 마리아 테레지아는 자신의 엄격한 정조 관념을 국민 모두에게 강요하는 무서운 여제였다.

제국의 기반을 뿌리째 흔든 마리아 테레지아의 도를 넘은 결벽증

마리아 테레지아는 당시 맹위를 떨치던 질병 매독의 온상이 된 매춘업을 박멸하는 일에 의욕적으로 덤벼들었다. 숙박업소 간판을 내걸고 은밀히 매춘을 알선하는 윤락업소는 당국의 조치로 적발되는 족족 폐쇄되었다. 그러나 아무리 단속을 엄하게 해도 윤락여성을 찾는 수요 자체는 없어지거나 줄어들지 않았다. 엄격한 단속에 따라 하녀나 침모로 둔갑한 '전직 창부'들이 음지로 숨어들어 끈질기게 매춘을 계속했다.

비밀경찰이 의심의 눈을 빛내며 은밀한 매춘 영업을 단속하기 위해 활동했다. 만약 체포되면 매춘업을 한 여성은 채찍을 맞거나 머리를 삭발당하는 수모를 당했다. 가장 가벼운 처벌은 도로 청소였다. 그 덕분에 그 시절 빈은 분뇨로 범벅된 흙탕길이던 파리와 달리 아름답고 청결한 도시라는 평판을 얻었다.

몸 파는 여성이 '손님에게 성병을 옮겼다'라고 판명되면 무시무시할 정도로 가혹한 처벌을 받았다. 체포된 매춘 여성은 삭발당했고, 빡빡 깎인 머리에 타르나 수지를 바르고 알몸에 마대를 둘둘 감은 채 거리를 순회해야 했다. 그렇게 한바탕 망신을 당한 뒤에는 채찍으로 흠씬 두들겨 맞는 혹독한 형벌이 기다리고 있었다.

몸 파는 여성이라고 좋아서 그렇게 할 리는 없다. 당장 끼니를 때울 빵 한 조각을 얻기 위해 거리로 나서기 마련이다. 그런 터라 아무리 법률로 엄격히 금지한다고 해도 어느 날 갑자기 다른 생업을 찾을 수 없는 여성들은 몸을 팔아 생계를 유지할 수밖에 없었다. 그런 현실을 애써 외면한 채 엄격한 처벌에만 골몰하는 모습에서 마리아 테레지아의 공감능력 없고 약간 병적인 일면마저 엿볼 수 있다.

다른 한편으로 몸 파는 여성뿐 아니라 돈을 주고 성을 산 남성에게도 엄벌을 내렸다는 점에서 어느 정도 성 평등을 실현했다는 평가도 있다. 윤락여성과 함께 있다가 적발된 남성은 독신일 경우 그 여성과 강제로 결혼해야 했고, 유부남일 경우 간음죄로 기소되었다. 그러자 그 반대급부로 법적으로 결혼할 수 없는 상대와 관계를 맺어 임신한 여성이 낙태하거나 영아를 살해하는 사건이 급증했다.

게다가 지하로 숨어든 윤락여성들이 제대로 된 검사도 받지 않고 매춘을 일삼다가 성병이 창궐하는 결과를 초래했다. 아름다운 도시 빈이라는 겉모습과 달리 당시 합스부르크 가문이 통치하던 대도시의 실태는 속으로 곪아 썩어 문드러지고 있었다. 마리아 테레지아의 도를 넘는 결벽증이 제국의 기반을 송두리째 흔들어놓고 있었던 셈이다.

마리아 테레지아가 그토록 강박적 '정조 관념'을 갖게 된 근원적 이유는?

마리아 테레지아는 '남편이 바람을 피워 눈이 뒤집힌 질투심 많은 여제'라고 국민적 비난을 받았는데, 그가 '순결'에 그토록 집착한 데는 말 못 할 이유가 있었다. 그의 조상 중 한 명이 애첩과 밀회를 즐기다가 매독에 걸려 합스부르크 가문 혈통에 선천성 매독균이 잠복해 있다는 설이 전해 내려왔던 것이다.

진위는 알 수 없으나 선천성 매독에 걸리면 사산율과 영아 사망률이 높아진다. 그러고 보면 마리아 테레지아 자신도 카를 6세의 자식 중 유일하게 건강하게 자라 성인이 된 딸이었다.

여성은 몇 번의 임신 과정에서 자신과 자식의 선천성 매독 증상이 가벼워질 가능성도 있다고 한다. 그러나 마리아 테레지아는 항생물질이 발견되기 전부터 수은을 이용한 매독 치료로 명성을 얻은 헤라르트 판 스비턴(Gerard van Swieten)이라는 의사에게 의지했다.

수은으로 매독을 치료하던 사람들은 고통스러운 수은 중독 부작용에 시달려야 했다. 힘든 치료를 이겨내고 운 좋게 건강을 되찾은 마리아 테레지아는 남편이 밖으로 나돌지 못하도록 발을 묶어두기 위해 열여섯 명의 자식을 낳았다.

딸을 '정략결혼의 도구'로 보고 가치가 없어지면
실패작으로 여기며 가차 없이 몰아내는 비정한 어머니

매독 치료를 받기 전 마리아 테레지아가 출산한 첫째 딸 마리아 엘리자베트는 세 살의 어린 나이에 세상을 떠났다. 다음에 얻은 둘째 딸 마리아 안나는 선천적으로 외모와 건강에 문제가 있었다. 그는 과학에 관심이 많은 총명한 여성이었으나 스무 살 무렵 등뼈가 활처럼 휘는 병으로 고통받았다. 훗날 그는 기침을 고질병으로 달고 살았다.

마리아 테레지아는 병약한 딸을 눈물이 쏙 빠지도록 엄하게 훈

육했다. 다섯 번째 딸로 어려서 죽은 언니와 이름이 같은 마리아 엘리자베트는 건강하게 태어난 미녀(아마 이때쯤 마리아 테레지아의 선천성 매독이 완치되었던 게 아닌가 싶다)였기에 어머니의 기대를 한몸에 받았다. 그러나 운명의 장난인지 엘리자베트는 천연두에 걸렸고 마마 자국이 남아 흉한 얼굴이 되어버렸다. 그러자 마리아 테레지아는 손바닥 뒤집듯 태도를 바꾸어 '못난이'가 된 딸을 구박하기 시작했다.

골골대기만 하던 안나와 미운 오리 새끼 신세가 된 엘리자베트는 체코 프라하에 있는 귀족 여성을 위한 기숙학교로 보내졌다. 두 사람 모두 그곳에서 평생 독신으로 살아야 했다.

마리아 테레지아는 딸을 '정략결혼의 도구'로 보았고, 가치가 없어지면 사랑을 주지 않고 실패작으로 여기며 가차 없이 몰아내는 비정한 어머니였다.

비교적 사랑받고 자란 열한 번째 딸 마리 앙투아네트는 단순한 치맛바람을 넘어서 괴물에 가까웠던 어머니 아래에서 자랐기에 정신적으로 불안정하게 된 것이 아닐까?

합스부르크 가문의 위대한 여제는 어머니로서는 위험하고 해로운 독을 지닌 존재일 뿐이었다.

6

인간의 내면에 감춰진 '악마'의 본성이 깨어나다

EPISODE

30

권력만 믿고 수많은 사람에게 잔학행위를 일삼다가 천벌 받은 이반 뇌제

무소불위의 권력을 손에 쥔 귀족들이 어린 이반 4세를 학대하면서도 목숨을 빼앗지는 않은 까닭

폭군 이반 4세(Ivan IV, 재위 1547~1584)는 '이반 뇌제(雷帝, Ivan the Terrible)'라는 별명으로 더 유명한 인물이다. 그는 1530년 모스크바에서 태어나 1533년 세 살의 어린 나이에 모스크바 대공으로 즉위했다.

모스크바 대공은 '신의 조화를 지상에서 실현하는 사람'으로 그 권위는 신성불가침의 영역으로 받아들여졌다. 그러나 실제로 대공의 권력은 바람 앞의 등불 같이 미약했다. 대공 자리에 앉아서도 무소불위의 권력을 휘두르는 귀족들의 눈치를 살피지 않고 제멋대로 하다가는 자칫 생명이 위험할 수도 있는 처지였다.

어린 나이에 즉위한 이반 4세는 그나마 운이 좋은 편이었다. 왜냐하면 때마침 막강한 권력을 가진 귀족들 간에 본격적인 권력투쟁이 일어나는 바람에 이반 4세를 폐위시키고 자신들이 맘껏 주무를 수 있는 허수아비 대공을 세울 엄두를 내지 못했기 때문이다. 아직 십 대도 되지 않은 어린 대공쯤이야 언제든 마음만 먹으면 처리할 수 있다는 자신감에 귀족들은 이반 4세를 모욕하고 학대하기는 해도 목숨을 빼앗지는 않았다. 그러는 사이 이반 4세는 하루 빨리 자라 누구에게도 휘둘리거나 무시당하지 않는 강한 어른이 되겠다며 조바심을 냈다. 동시에 그의 내면에서는 자신이 신에게 선택받은 특별한 존재라는 신념이 꿈틀대고 있었다.

고양이와 새를 잔인하게 죽이며 즐거워하고 신하의 말투가 마음에 들지 않는다는 이유로 그의 혀를 자르는 잔혹한 왕

그래서였는지 이반의 성장은 또래 아이들보다 훨씬 빨랐다. 그러나 키가 눈에 띄게 훌쩍 자란 열두 살 무렵부터 그는 이상한 행동을 하기 시작했다. 그때 이미 모스크바 대공으로서 정사를 처리하던 이반은 테렘궁에서 일과를 마치면 궁전의 높은 탑 꼭대기를 기어 올라가는 위험천만한 놀이를 즐겼다. 한데 이반은 탑 꼭대기에 혼자 올라가지 않았다. 매번 고양이나 개를 안고 올라갔는데, 꼭대기에 도달하면 그곳에서 자신이 안고 간 가엾은 동물들을 바닥으로 내동댕이쳤다. 그런 다음 그는 고통스럽게 신음하며 죽어가는 동물들을 관찰했는데, 이 엽기적인 행위가 그 무렵 그가 가장 좋아하는 놀이였다. 그 밖에도 이반은 날카로운 칼로 새를 해부하는 놀이도 즐겼다고 한다.

이제 막 열다섯 살이 되어 성인이 되었을 때(당시 러시아에서는 열다섯 살이 되면 성인으로 인정받았다) 그는 어느 신하의 말투가 마음에 들지 않는다며 역정을 내더니 신하의 혀를 잘라버렸다.

이반 4세는 러시아 역사상 최초로 황제 직위인 '차르(tsar)'에 즉위했다. 1547년의 일이다. 한편 나름대로 뛰어난 문필가이기도 했던 그는 문장력을 발휘해 자신의 권위를 직접 글로 써서 설명했다.

"차르는 귀족과 고관을 비롯한 모든 백성을 지배한다. 차르는 모든 백성에게 상과 벌을 자유롭게 내릴 수 있으며, 그 누구도 차르의 명령을 거역할 수 없다."

그는 자신의 이런 처사가 절대로 지나치거나 비합리적이라고 생각하지 않았다.

이반 4세는 통치자이자 군인으로서 뛰어난 역량을 발휘해 영토를 확장했다. 그가 민중에게 공포의 대상이면서도 지지를 받았던 것은 '힘이 곧 정의'라는 당시 러시아의 상황과 세태가 오롯이 반영된 결과라고 볼 수 있다.

이반 4세는 점점 더 무소불위의 권력을 마음껏 휘두르는 절대 권력자가 되어갔다. 누군가 이반 4세를 비판하기라도 하는 날엔 그가 속한 마을이나 지역 전체가 '지도에서 사라질' 정도로 무시무시한 응징을 가하는 방식의 공포 정치를 펼쳤다.

이반 4세는 국경을 마주한 이웃 국가와 자주 전쟁을 벌였는데, 그 바람에 국경 부근 지역 중 하나인 노브고로드 주의 대외무역이 부진해지며 불만이 팽배했다. 공교롭게도 이반 4세가 그 소문을 들은 직후 노브고로드 주를 대표하는 몇몇 인물이 폴란드와 내통한다는 내용이 담긴 편지를 우연히 입수했다.

극도로 화가 난 이반 4세는 모스크바에서부터 몸소 군대를 이끌고 출정했다. 그리고 그는 노브고로드를 향해 가는 도중 분풀이로 아무 죄 없는 수많은 마을의 백성과 동물을 철저히 도륙하며 진군했다. 노브고로드 숙청에는 한 달이 넘는 긴 시간이 걸렸으며 사망자는 자그마치 6만 명에 달했다.

천인공노할 학살을 저지른 업보였을까? 그로부터 얼마 지나지 않은 1553년 6월, 사랑하는 아들 드미트리가 급사하는 비극이 이반 4세와 그의 가족을 덮쳤다. 온 가족이 함께 수도원에서 기도하고 돌아오는 길에 호수에서 일어난 익사 사고로 첫아들을 잃었다.

신에 대한 회의가 스멀스멀 피어오르는 와중에 이듬해 3월 이반의 사랑하는 아내 아나스타샤가 다시 아들을 낳았다. 그런데 이

번에는 아나스타샤가 병으로 세상을 떠났다. 이는 1560년 8월의 일이다.

아나스타샤는 이반의 분노 발작을 달래줄 수 있는 유일한 여성이었다. 슬픔에 잠긴 이반 4세는 브레이크가 고장 난 열차처럼 폭주하기 시작했고, 온갖 말도 안 되는 구실을 붙여 귀족을 탄압하고 숙청했다.

사람의 얼굴에는 그 사람의 인생이 판화처럼 새겨지는 법. 폭군 이반 4세의 외모는 점점 더 기이하게 변해갔다. 삼십 대 젊은 나이에 깊은 주름이 생겼으며 머리카락이 숭숭 빠져 정수리가 휑해졌다. 자신이 왜 화가 나기 시작했는지 이유를 몰라 수염을 쥐어뜯는 버릇이 생겨 마치 쥐 파먹은 듯 수염 가닥만 듬성듬성 남아 있었다. 흐리멍덩한 눈동자에는 총기가 없었고, 등은 꼬부랑 노인처럼 굽어 누가 봐도 정상이 아닌 상태였다.

왕위를 이을 친아들을 제 손으로 때려죽이고
지옥의 고통을 겪는 이반 4세

제 손에 수많은 사람의 피를 묻힌 이반 4세에게 연이어 천벌이 내려졌다. 그는 친아들을 자신의 손으로 직접 때려죽였는데, 그것도 하필 자신의 이름을 따서 '이반'이라는 이름을 붙여준 아들이었다. 분노 발작을 일으킨 그는 아들을 그야말로 마구잡이로 구타했고, 급기야 이반 왕자는 아버지의 손에 목숨을 잃었다.

어쩌다 그런 사태가 벌어졌을까? 이반 4세의 며느리, 그러니까 이반 왕자의 아내의 복장 문제가 발단이 되었다. 어느 날 이반은 아들의 아내, 즉 며느리인 엘레나가 궁정 안에서 실내복 한 벌만 입은 모습을 목격했다. 그 자리에서 그는 부도덕하다고 고래고래 소리를 지르며 며느리를 마구 폭행했다. 물론 당시는 정숙한 여성이라면 실내복이라도 세 벌 정도 겹쳐 입는 게 상식인 시대였기에 생각하기에 따라서는 이반 4세의 눈에 며느리가 정숙하지 않아 보일 수도 있었다. 아무튼 이미 이성을 상실해버린 이반은 아들도 아닌 며느리를 무지막지하게 폭행했는데, 엎친 데 덮친 격으로 당시 그는 임신 중이었다. 그런 터라 문제가 점점 더 심각한 방향으로 내달렸다.

아버지의 폭주를 말리려고 아들 이반 왕자가 황급히 달려왔다. 그러자 이반 4세는 감히 아들이 아버지에게 대들고 거역한다며 더욱더 미쳐 날뛰기 시작했다. 그는 마침 손에 들고 있던 지팡이로 온 힘을 다해 아들을 때리기 시작했고 한동안 무자비한 매타작이 이어졌다.

쏟아지는 매를 온몸으로 맞고 있던 아들이 급기야 정신을 잃고 쓰러졌다. 갑자기 정신이 번쩍 든 이반 4세는 아들을 살려달라고 기도했다. 그러나 그런 보람도 없이 며칠 후 이반 왕자는 숨을 거두었다. 며느리 엘레나도 남편을 잃은 충격으로 유산하고 세상을 떠났다.

이반 4세에게는 이제 아들 하나만 남았는데, 공교롭게도 그 아들에게는 지적장애가 있었다. 그렇다고 다른 자식도 없었기에 이제 그 아들에게 왕위를 넘겨주는 수밖에 없었다. 이반 4세는 정신을 놓아버린 채 밤이면 밤마다 큰 소리로 울부짖으며 죽은 아들의 이름을 목 놓아 불렀고, 중얼중얼 혼잣말하며 드넓은 궁전 안을 미친 사람처럼 돌아다녔다.

그러다가 잠시 제정신을 찾으면 각지의 수도원에 죽은 아들을 위한 추모 미사를 열어달라고 부탁했다. 또 자신이 예전에 학살한 '정적'들의 명복을 빌며 자신이 죽인 사람들의 이름을 기록하는 작업을 시작했다. 그런데 놀랍게도 이반 4세가 숙청한 사람의 수가 너무 많았던 데다 정신이 온전치 못한 상태가 계속되며 언제 어디서 누구를 죽였는지 제대로 떠올리지 못해 명단 기록 작업은 영원히 미완성으로 남았다.

이런 이반 4세에게도 죽음의 순간이 찾아왔다. 1584년 3월의 일이다. 신하와 체스를 두던 이반 4세는 선잠이라도 들었는지 꾸벅꾸벅 졸다가 까무룩 정신을 잃었다. 그리고 그대로 숨을 거두었다.

이반 4세, 아니 이반 뇌제 같은 악인에게 이토록 '평온한' 죽음을 허락하는 것이 신이 정해놓은 섭리라면 너무도 불합리하다는 생각이 드는 건 나뿐일까?

EPISODE

31

19세기 말 런던을 공포의 도가니로 몰아넣은 역사상 가장 잔혹한 살인마 잭 더 리퍼

19세기 영국이 낳은 희대의 엽기 살인마 잭 더 리퍼

19세기 말 대영제국의 어둠을 상징하는 '잭 더 리퍼(Jack the Ripper)' 사건. 런던 이스트엔드 화이트채플 지구에서 거리의 여자 다섯 명이 심야에서 새벽에 이르는 시간에 잇따라 살해되었다. 1888년 8월 31일부터 같은 해 11월 9일까지 일어난 일이다.

범인의 정체는 지금까지도 정확히 밝혀지지 않았으며, '잭 더 리퍼'라고 불리는 범인은 희대의 연쇄 살인마를 이야기할 때 빠지지 않는 인물이다.

잭 더 리퍼의 범행 대부분은 불빛이 거의 없이 사방이 깜깜한

거리와 뒤뜰에서 벌어졌다. 희생자들은 목이 터져라 도와달라고 소리쳤으나 소용이 없었다. 화이트채플 지구는 밤 시간대 치안이 최악이었기 때문에 그 정도 비명에는 아무도 달려와 도와줄 생각을 하지 않았기 때문이다.

살인마는 피해자들을 단지 살해하는 정도로는 만족하지 않았다. 희생자 다섯 명 중 세 명은 온몸의 피가 모조리 빠져나갈 정도로 만신창이를 만들어놓았는데, 충격적이게도 의식이 남아 있을 때 날카로운 흉기로 복부를 절개하고 헤집어 놓았다. 심지어 장기를 마구잡이로 파헤치고 자궁과 방광, 신장 등을 끄집어내는 엽기적 행각까지 보였다.

잭 더 리퍼의 범행 상황과 주목해야 할 부분을 잠시 살펴보자.

기록하기조차 힘들 만큼 잔혹한 방법으로
다섯 명의 창부를 살해하다

1888년 8월 31일: 메리 앤 니컬스(42세)가 목과 배에 자상을 입고 사망. 발견 당시 장이 몸 밖으로 비어져 나와 있었다. 성기에도 흉기를 휘두른 흔적이 있었다(자궁 적출 실패일까?).

1888년 9월 9일: 애니 채프먼(47세)이 머리가 몸에서 분리되어

달랑거릴 정도로 목 부위에 심각한 자상을 입고 사망. 자궁과 방광은 범인이 전리품으로 가져갔다. 놀랍게도 범행이 밤이 아닌 날이 밝은 뒤, 그것도 사람이 오가는 골목에서 이루어졌다는 점에 주목해야 한다.

1888년 9월 30일: 엘리자베스 스트라이드(44세)가 칼에 두 번 목을 찔려 사망. 그의 몸이 난도질당하기 전 범인이 인기척을 느끼고 도주했다.

1888년 9월 30일: 범인은 엘리자베스 스트라이드를 살해한 후 캐서린 애도스(43세)를 습격했다. 그날의 인간 사냥이 방해를 받아 실패하자 미친 듯이 폭주해 캐서린 애도스의 얼굴에는 칼로 난도질한 흔적이 가득했다. 게다가 오른쪽 귀와 코가 사라졌으며, 하복부부터 목덜미까지 크게 절개했고, 왼쪽 신장과 자궁이 사라져 버렸다.

1888년 11월 9일: 메리 제인 켈리(25세). 일련의 사건 중 유일하게 '젊은' 피해자였다. 또 이 사건은 실내에서 이루어졌는데, 야외가 아닌 곳에서 유해가 발견된 유일한 피해자이기도 했다. 잭 더 리퍼는 기존 사례와 달리 남의 이목을 신경 쓸 필요가 없어지자 마치 물 만난 물고기처럼 신이 나서 몇 시간 동안이나 공들여 시신을 훼손했다. 그는 얼굴부터 내장에 이르기까지 온몸이 너덜너덜해질 정도로 심하게 난자당했다.

현장 보고서에는 "피웅덩이가 침대 밖으로 넘쳐 바닥의 사방 60센티미터 정도가 피로 채워져 있었다"라는 기록이 남아 있으며 당시 신문에도 사건 당시의 참상을 전하는 상세한 기사가 실렸다.

난로 속에서는 피 범벅된 옷가지를 태운 흔적이 발견되었다. 한데 희생자인 메리 제인 켈리와 내연남 조지프 바넷의 소지품만 발견되었고 범행 증거가 될 만한 물건은 범인이 모조리 가져가버렸다. 잭 더 리퍼는 광기에 사로잡혀 충동적으로 살인을 저지르는 단순한 살인마가 아니라 치밀하게 계획을 세우고 범행에 옮기는 냉철한 이성의 소유자였다.

이런 식의 쾌락 살인은 범인이 사망하거나 체포되어 신병이 구속되지 않으면 범행을 중단하지 못한다고 알려져 있다.

잭 더 리퍼의 정체는?

잭 더 리퍼 사건의 진범을 찾는 논의는 첫 사건 발생일로부터 130여 년이 지난 지금도 꾸준히 이루어지고 있다. 실제로 현재 전 세계에 잭 더 리퍼를 연구하는 '리퍼학(Ripperology)'과 관련 연구자(Ripperlogist)들이 활발히 활동하고 있다.

1995년 기준으로 저명한 연구자가 용의자 리스트 최상위에 올린 인물은 마지막 피해자인 메리 제인 켈리의 내연남 조지프 바넷이다. 바넷은 사건 전부터 켈리에게 매춘을 당장 그만두라고 종용해왔다. 매춘부를 잔인하게 살해해 그에게 매춘의 위험성을 일깨워주려다 실패하자 홧김에 살해했다는 주장이다(사건 후 조지프 바넷은 행방불명되었다).

두 번째 용의자는 몬터규 존 드루이트(Montague John Druitt)라는 남성인데, 사건 당시 기록으로는 이미 자살했다.

세 번째 용의자는 프랜시스 텀블티(Francis Tumblety)라는 '의사'였다. 일본에서는 프랜시스 텀블티가 범인이라고 주장한 책이 번역되지 않아 별다른 주목을 받지 못했으나 필자 개인적으로는 그가 가장 의심스럽다.

아일랜드계 이민자의 후손인 텀블티는 1833년 무렵 캐나다에서 태어났으며 여러 직업을 전전하다가 독학으로 약초학을 파고들어 민간요법 의사로 개업했다. 의사로 개업한 뒤에는 미국과 영국 등 세계 각지를 자유롭게 돌아다니며 생활할 정도로 부유해졌다.

독자들 중 이런 의문을 품는 이가 있을지 모르겠다. '독학으로 공부해 의사로 개업했다고? 그런 일이 어떻게 가능하지?' 그러나 당시에는 그런 일이 얼마든지 가능했다. 다음의 인용문이 그걸 증명해준다.

URD
N THE AST-EN
OF A

19세기 중반 미국에서는 사립 전문학교가 (중략) 몇 개월 치 수업료 만 내면 의사 학위를 수여했다.(윌리엄 바이넘(William Bynum), 『의학의 역사(The History of Medicine: A Very Short Introduction)』(2008))

실제로 당시 미국에서는 독학으로 의사가 되는 사람이 부지기수였다. 그런 사람들은 인체의 기본 구조를 주로 책으로 배웠다.

의사가 된 과정이야 어찌 됐든 텀블티의 약초 처방은 큰 인기를 끌었으며, 그의 치료가 효험이 있다는 환자들의 입소문에 힘입어 의사로 성공했다. 그는 젊은 시절 한 번 결혼했다가 이혼한 전력이 있는데, 전 아내가 한때 거리의 여자로 몸을 팔았다는 과거를 알게 된 후 모든 여성을 혐오하게 되었다고 알려져 있다.

1860년대에 워싱턴에서 생활하던 텀블티는 남성만 초대한 만찬회를 열었다.

"여자만큼 위험한 생물은 없다."

"자네한테 특별히 여자를 처분할 수 있는 독약을 주지."

이런 식으로 그는 지인들에게 자랑스럽게 떠벌리며 병에 든 12개의 여성 자궁 등 인체 표본 수집품을 재미 삼아 보여주었다(잭 더 리퍼가 살해한 여성의 자궁을 가져갔다는 사실을 기억하자).

1888년 잭 더 리퍼 연쇄 살인사건이 일어나기 전부터 텀블티는 런던에 머물고 있었다. 당시 그의 나이 쉰다섯 살로 '네 명의 남성과 부적절한 행위(동성애 매춘으로 추정됨)'를 저지른 혐의로 체포되었다. 그의 신병은 실형이 확정될 때까지 구속되지 않았는데, 평결이 나오기 전 온갖 연줄을 동원해 도망치듯 미국으로 돌아갔다. 참고로, 그 시기는 런던에서 잭 더 리퍼의 마지막 희생자가 나온 직후와 겹쳤다.

텀블티는 미국으로 돌아간 후 그해 12월 말 자메이카로 출국했고 1889년 초에는 중앙아메리카의 니카라과로 건너갔다는 출입국 기록이 있다. 소문에 따르면, 그가 지나쳐간 나라에서도 그 무렵 거리의 여자들이 처참하게 희생당하는 연쇄 살인사건이 일어났다고 한다. 물론 우연의 일치일 수도 있겠으나 텀블티가 잭 더 리퍼라는 추정은 여러 가지 면에서 설득력이 있다.

그런데 본래 쾌락 살인을 저지르는 범인은 성행위 대신 살인을 저지른다는 게 정설이다. 만약 텀블티가 동성애자라면 여성에게 그렇게까지 집착할 이유가 없다는 의문을 제기하는 연구자도 적지 않다.

텀블티는 자신의 동성애 성향을 인정할 수 없어 애써 부정했는데, 당시 유럽과 미국에서는 동성애자가 사회적으로 부당한 대우를 받았기 때문인 것으로 보인다. 텀블티가 국경을 넘어 이 나라 저 나라를 떠돌아다닌 것은 '진정한 자신'에게서 도망치고 싶었기 때문일 수도 있다.

한 인간의 성 정체성은 한 가지 색으로 규정할 수 없다. 텀블티의 동성애 기질 역시 이상하게 뒤틀린 형태로 여성에게 오히려 강력한 관심을 드러낸 것으로 보면 사실 논리적 모순은 없다. 그 연장선에서 보면 텀블티는 전처가 몸을 파는 여자라는 사실을 전혀 몰랐다가 알게 된 후 증오했다기보다 처음부터 성적 경험이 풍부한 전직 윤락 여성임을 알고 일부러 그를 선택했다고 볼 수도 있다. 그의 삶을 조금 세밀히 들여다보면 실제로 그런 심증을 확신하게 만드는 정황 증거가 없지 않다.

앞에서도 언급했듯이 텀블티는 의사로 성공해 경제적으로 꽤 부유한 편이었다. 그런 터라 그와 결혼하고 싶어 하는 여자가 그야말로 길게 줄을 섰을 텐데, 일부러 과거가 깨끗하지 않은 여성을 결혼 상대자로 선택했다는 점에 주목할 필요가 있다. 말하자면 그는 이렇게 생각한 게 아닐까. '사연 있고 과거가 깨끗하지 않은 여자라면 나의 동성애 기질을 받아들여 줄 수도 있고, 또 문제가 생겼을 때 돈으로 어떻게든 무마할 수 있지 않을까' 하는 속셈이었을 수도 있다는 얘기다.

그러나 결과만 놓고 보면 텀블티는 결혼생활에 실패했고, 이혼 경험은 그에게 커다란 충격을 안겨주었다. 모든 여성, 그리고 윤락 여성에 대한 증오가 비정상적 수준으로 과격한 말과 행동, 범죄로 발전했다고 생각하는 게 논리적으로 자연스러운 흐름이 아닐까 하는 것은 그런 이유에서다.

잭 더 리퍼의 범행 동기인 '여성 혐오'를 분석하면 '내가 여자를 싫어하는 건 여자들이 사악하기 때문이다'라거나 '특히 몸 파는 여성은 인간쓰레기다'라고 주장하듯 망상이 부풀려진 결과로 볼 수 있다.

그러나 텀블티는 당시 쉰다섯 살로 한창 때가 한참 지난 나이였다. 그러므로 하룻밤에 두 명이나 죽이는, 그것도 날카로운 흉기를 마구 휘둘러 희생자를 잔인하게 능욕할 수 있을 정도의 기력과 체력이 그에게 남아 있었을까 하는 의문이 든다. 물론 화재 현장에서 괴력을 발휘해 건물에 갇힌 사람을 구해냈다는 이야기처럼 그 순간 불가사의한 힘이 폭발하듯 터져 나왔을 수도 있다. 그러고 보면 인간이란 참으로 업보가 깊고도 무서운 존재가 아닌가 싶다.

EPISODE

32

인류를 품종 개량한 역사상 최악의 독재자 히틀러의 '진짜 목적'은?

히틀러와 나치스를 거세게 비판한 라우슈닝의 책 『히틀러와의 대화』에 적국 영국 정부가 출판 금지 처분을 내린 이유는?

영국에서 출간된 책 한 종이 출판 금지 처분을 받았다. 1939년의 일이다. 이 책의 저자는 헤르만 라우슈닝(Hermann Rauschning)이다. 그는 독일 지방 귀족 출신으로, 한때 히틀러가 주창하는 나치스 사상의 열렬한 신봉자였다.

제2차 세계대전이 한창이던 때 투쟁에서 승리한 강자가 정의이고 약육강식에서 승리한 자만 살아남을 권리가 있다는 나치스의 주장은 단순명쾌해서 이해하기 쉬운 측면이 있다. 나치즘 신봉자들은 자신들이 '승자독식' 세계에서 승자가 되어야 한다고 믿었는데, 시간이 갈수록 독일 이외 유럽 각 지역에서 꾸준히 '신도'가 증가했다. 그중 대표적인 인물이 헤르만 라우슈닝이었다.

히틀러는 라유슈닝을 나치스의 두뇌로 인정하고 단치히 시장과 나치스의 주요 요직을 맡기는 등 파격적인 대우를 해주었다. 다른 사람을 좀처럼 믿지 않았던 히틀러에게 특별한 총애를 받은 라우슈닝은 히틀러를 중심으로 뭉친 소수 정예 추종자 무리에 들어갈 권리를 획득했다.

그런데 히틀러를 가까이에서 모시며 나치즘의 진짜 목적을 그의 입을 통해 직접 전해들은 라우슈닝은 공포에 사로잡혀 도망칠 궁리를 하기 시작했다. 절대 권력자 히틀러를 배신하고 다른 나라로 망명하면 자칫 자신은 물론이고 가족의 목숨까지 위험해질 것이었지만 라우슈닝에게는 목숨을 걸고라도 꼭 발표하고 싶은 진실이 있었다. 그는 가족을 다른 나라로 도피시킨 뒤 폭풍우가 몰아치는 밤에 권총을 든 채 모터보트를 타고 영국을 향해 배를 몰았다. 그는 천신만고 끝에 영국에 도착했다.

영국에 도착한 라우슈닝은 나치 독일에서 보고 들은 내용을 책으로 정리했다. 그러나 그의 책 『히틀러와의 대화(Gespräche mit Hitler)』(미국 출간 제목은 『파괴의 목소리(The Voice of Destruction), 영국 출간 제목은 『히틀러는 말한다. 아돌프 히틀러의 진정한 목적을 위한 일련의 정치적 대화

(Hitler Speaks. A Series of Political Conversations with Adolf Hitler on his Real Aims)』)는 출간 직후 영국에서 출판 금지 처분을 받았다. 그 무렵 히틀러는 이미 독일 총통으로 무소불위의 권력을 휘두르고 있었다. 또 당시까지만 해도 독일은 이웃 나라를 상대로 무리한 영토 분쟁을 벌이는 정도의 비교적 사소한(?) 문제 행동만 보였다.

한 나라 통치자의 실명을 직접 거론하며 공격하는 책은 외교적으로 문제의 소지가 될 수 있다고 판단한 영국 정부가 개입해 출간 금지 처분을 내린 것이었다. 게다가 책에는 기독교 사회에서 금기로 여기는 내용도 포함되어 있었는데, 이는 라우슈닝의 창작이라고 보는 사람이 많았다.

청년들의 유전자를 '품종 개량'해 인류를 인공적으로 진화시킬 계획을 구상하고 실행에 옮긴 히틀러

라우슈닝에 따르면, 히틀러는 인류에게 신과 맞먹는 잠재력이 숨어 있다고 믿었단다. 실제로 히틀러는 "인류는 생성 도중인 신"이라고 말한 적이 있다. 그런데 그는 모든 인류가 신과 같은 존재가 아니며, 민족에 따라 우열의 차이가 존재한다고 보았다. 좀 더 구체적으로 그는 자신이 속한 아리안족은 가장 우월한 민족일 뿐 아니라 인류를 신의 경지로 이끌 능력을 가진 민족인 데 반해 유대인 등의 열등 민족은 세상을 멸망의 길로 이끌 위험한 민족이라고 굳게 믿었다.

히틀러와 나치스의 최종 목적은 지상에서 그들이 규정한 '유해 민족'을 몰아내고 박멸하는 수준에 그치지 않았다. 그는 실제로 인류를 신과 맞먹는 존재로 격상시키기 위한 구체적인 계획을 세웠다. 그것은 전 인류 중에서 가장 우수하다고 여기는 아리안족을, 그중에서도 더욱 우수한 혈통을 지닌 청년들의 유전자를 '품종 개량'해 인류를 인공적으로 진화시킨다는 계획이었다.

라우슈닝은 히틀러의 목적과 계획을 공개했다.

> 고귀한 피(생물학적으로 우수하다는 의미)의 은혜를 누리는 상황을 만들어내면 (중략) 위대한 인종의 사나이가 나타난다.
> (나는 독일 민족으로 정치 운동을 시작했으나) 민족이라는 개념은 이제 무의미해졌다. (중략) 인류야말로 미래의 질서를 보여주는 개념이다.
> 인류라는 개념으로 나치즘은 혁명의 바다를 건너 세계를 개조하리라.
> 다양한 언어를 사용해도 지배자 인종에 속하는 사람 사이에는 상호 이해가 형성되리라.

즉 히틀러가 라유슈닝에게 요구한 일이란 우수한 인간을 가축이나 작물처럼 교배하는, 이른바 '정원사'나 '가축 사육사'로서의 '육종' 사업인 셈이었다.

'인류를 인공적으로 진화시킨다'는 발상은 현실이 아닌 애니메이션이나 SF 영화에나 나올 만한 아이디어다. 이 과대망상적 발상이 자신을 제2의 그리스도이자 구세주라고 믿어 의심치 않은 히틀러가 '신'의 대리인으로서 이루어야 할 최종 목표였다. 실제로 나치즘은 종교를 능가하는 위대한 사상이라고 입버릇처럼 이야기했던 히틀러. 그가 진심으로 자신의 계획을 실행에 옮기려 한다는 사실을 깨닫고 라우슈닝은 목숨 걸고 독일을 탈출했다.

라우슈닝이 망명하고 2년 후 나치스는 그야말로 SF 영화나 소설에나 등장할 만한 과격하고도 충격적인 발상을 현실 세계에서 구현하고자 했다. 이는 1941년 이후의 일이다. 그중에서도 가장 널리 알려진 사건은 나치스가 점령한 각지의 유대인을 강제수용소에 가두고 대량 학살한 홀로코스트다.

히틀러에게 누구 못지않게 총애받던 라우슈닝이 나치즘을 버린 것은 인간을 가축처럼 취급하는 히틀러와 나치스의 본질을 가까이에서 지켜보며 누구보다 그 해악을 깨달았기 때문이 아닐까.

히틀러가 '악마의 목소리'를 듣고 지시에 따라 세계대전을 일으켰다고?

아돌프 히틀러가 이끄는 나치스가 지배하는 동안에는 그리스도

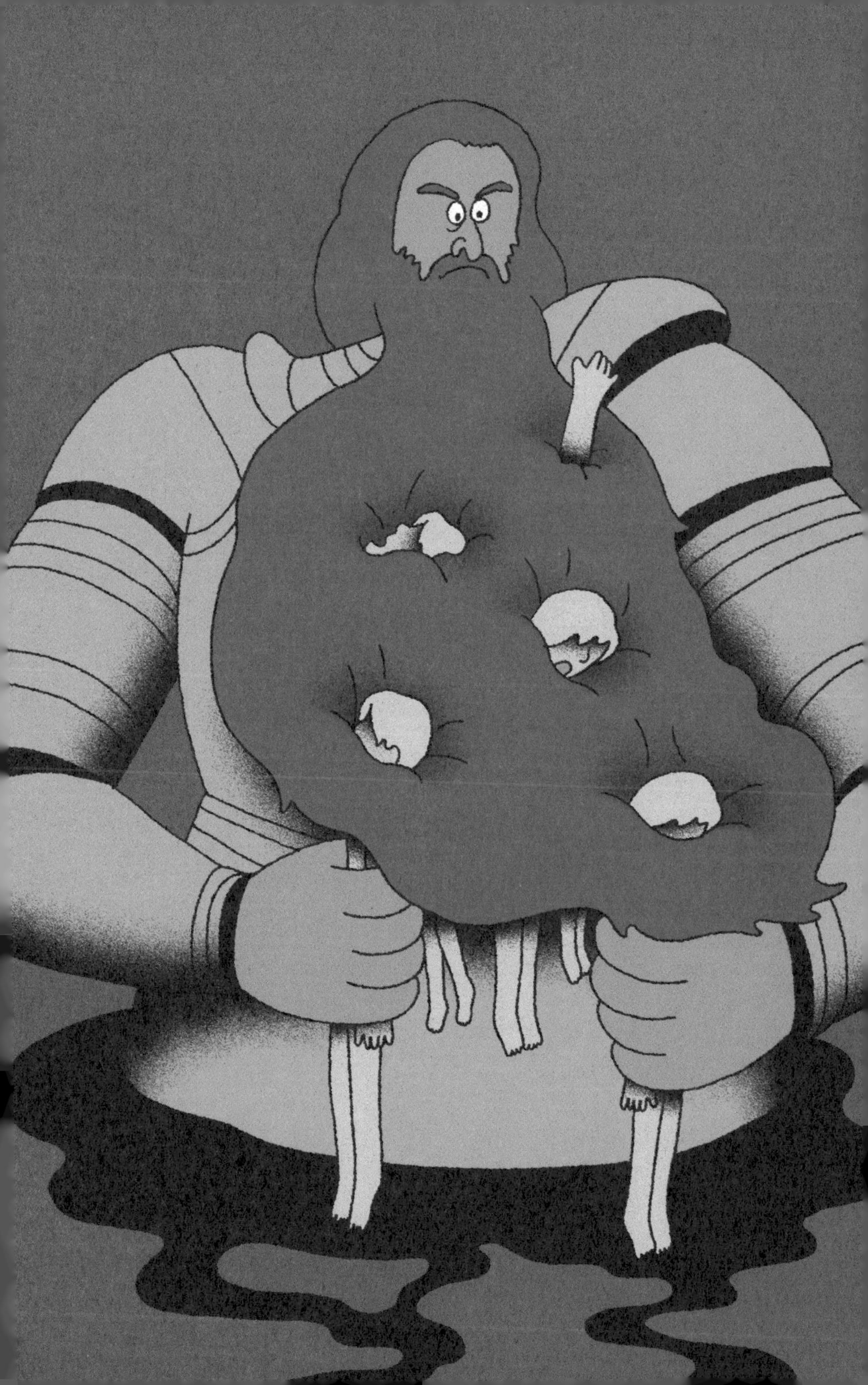

교도도 박해를 피할 수 없었다. 신을 두려워하지 않은 듯한 히틀러의 거침없는 행보를 보고 그가 종교를 전혀 믿지 않았으리라 생각하는 사람이 많다. 사실 그는 그리스도교 등의 일반적인 종교는 믿진 않았으나 신비주의(오컬트)에 푹 빠져 종교 이상으로 맹신했다.

라우슈닝의 말에 따르면, 히틀러는 1910년쯤부터 자신의 영적 재능을 깨달았다고 한다. 돌아가신 아버지의 유산과 어머니의 맹목적인 아들 사랑에 기대 취직도 하지 않고, 겉으로는 미대 입학을 목표로 그림을 그리며 백수나 다름없는 생활을 한 것이 그의 나이 스무 살 무렵이었다.

라우슈닝은 평소 히틀러가 '그 녀석' 또는 '그 남자' 등으로 부르는 보이지 않는 존재, 즉 악마에 빙의되는 순간을 목격한 적이 있다고 주장했다.

> "그 녀석이다! 그 녀석이야! 그 녀석이 지금 여기에 있다고!" 히틀러는 숨을 헐떡이며 절규했다. 공포에 질린 입술은 잘 익은 포도 알처럼 보랏빛으로 물들었다. 땀이 얼굴에 차올라 흐르며 뚝뚝 떨어지기 시작했다. 그는 또 갑작스럽게 기묘한 환상을 보고 의미가 불분명한 기묘한 단어를 쉴 새 없이 중얼거렸다. 온몸을 떨며 신음하고 괴상한 문법으로 도저히 독일어라고 할 수 없는 언어를 구사했다.

그러다가 히틀러는 잠깐 정신이 돌아오면 잠시 후 곧 "저 구석에 있는 건 누구냐!"라며 비명을 지르고 소란을 피우다가 주위 사람들의 부축을 받아 자리에 누워 눈을 감고 몇 시간이고 잠을 잤다.

악마와 히틀러와의 '대화'를 목격한 사람은 라우슈닝만이 아니었다. 영국 저널리스트 조지 프라이스(George W. Price)도 히틀러 자신이 얘기했다는, 스물다섯 살의 히틀러가 제1차 세계대전에 병사로 참전했을 때 경험한 초자연적 현상에 관한 일화를 듣고 증언한 일이 있다. 그에 따르면, 전우들과 함께 저녁 식사를 하다가 뜬금없이 히틀러 혼자 "(의자에서) 일어나 저쪽으로 가라!"라는 낯선 남자의 목소리를 들었다는 것이다.

히틀러는 그 남자의 목소리에 "상관의 명령을 들은 듯 기계적으로 따랐으며, 18미터가량 이동했다." 그 직후 히틀러가 있던 자리에 유탄이 날아들었고 전우들은 모두 그야말로 산산조각이 났다.

그 목소리의 주인공은 히틀러가 '그 녀석'이라고 부르던 존재, 즉 악마였다. 그 후로도 히틀러는 불가사의한 목소리를 몇 번이나 더 듣고 사지에서 극적으로 탈출할 수 있었다. 이런 불가사의한 일이 반복되자 앞으로 일어날 미래의 일을 히틀러가 '알고 있다'는 분위기가 만들어졌고, 그의 예지력은 '그 녀석'이 히틀러에게 선사한 특수한 능력으로 자연스럽게 받아들여졌다.

마침내 '그 녀석'은 '히틀러의 몸속에 둥지를 틀었고' 그를 선택받은 존재로 여기게 만들었다. '그 녀석'은 히틀러에게 "유대인의 세계 지배를 막아라"라고 명령했다. 급기야 그 목소리는 히틀러에게 “너는 쉰 살에 세계 정복 전쟁을 일으키게 될 것이다”라고 예언했다.

히틀러와 나치스의 인큐베이터가 된 신비주의 조직 ‘툴레 협회’

라우슈닝과의 관계가 아직 양호하던 무렵 히틀러는 툴레 협회(Thule-Gesellschaft)라는 신비주의 조직과 밀접한 관계를 맺고 있었다. 실제로 1920년 유명한 어느 호텔에서 열린 툴레 협회 정기모임에 히틀러가 참석했다는 기록이 남아 있다.

당시 툴레 협회는 뮌헨을 중심으로 남부 독일 상류계급의 지지를 받아 넉넉한 운영 자금을 확보했다. 회원 명부에는 법조계 거물과 명문 귀족, 사업가와 대학교수 등의 이름이 올라 있었다. 협회는 상류계급 곳곳에 다양한 직군의 회원을 거느리고 세력을 과시했다. 이 툴레 협회 정치 부문이 바로 나치스의 전신으로, 히틀러를 당수로 내세운 ‘독일 노동자당’이었다는 사실은 잘 알려지지 않았다.

나치스는 태생부터 오컬트 조직이었다. 나치스의 상징인 갈고리 십자가 하켄크로이츠는 툴레 협회에서 오랫동안 사용해온 엠블렘이었다. 나치스의 확장과 더불어 툴레 협회의 세력도 점점 강해지다가 양자의 힘의 균형이 무너지는 날이 왔다. 악마에 빙의된 히틀러가 이끄는 나치스가 툴레 협회를 집어 삼켜버린 것이었다.

1937년, 툴레 협회는 해산 위기에 직면했다. 나치스는 프리메이슨 등의 종교 활동 단체 금지 정책을 표방했다. 이는 이 시점에 이미 나치스 자체가 유럽에서 그 실명과 함께 최강의 오컬트 조직으로 성장했음을 의미한다.

라우슈닝의 이야기가 진실인지 거짓인지를 명확히 확인할 방도는 없다. 그러나 히틀러가 이끄는 나치스 독일과 그들에게 세뇌된 사람들의 소행이 이 세상 사람의 것이 아니라고 느껴지는 광기로 충만했던 것은 그들을 조종한 보이지 않는 손이 악마였기 때문이라고 생각하는 게 오히려 가장 합리적이면서도 설득력 있는 주장이지 않을까. 히틀러는 평범한 가정에서 태어나 성장했다. 그의 이력을 프로파일링하기만 해서는 히틀러가 왜 세상을 집어 삼킬 수준의 광기를 품게 되었는지 설명할 길이 없다.

히틀러는 "나치스 독일이 전쟁에서 패배해도 나치스의 정신은 부활한다"고 예언했다고 한다. 그 예언을 믿는다면 우리는 앞으로 새로운 공포의 시대가 도래할 수도 있다고 여기며 마음을 단단히 먹고 대비해야 하지 않을까.

EPISODE

33

때로 광기에 사로잡혀 성인과 광인을 넘나든 종교개혁의 선봉장 마르틴 루터

종교개혁의 선봉장 마르틴 루터가 한때 악마에 빙의된 일이 있었다는데?

역사 교과서에 16세기 독일 종교개혁의 중심인물로 소개되는 마르틴 루터(Martin Luther, 1483~1546). 루터는 이 종이 한 장만 사면 모든 죄를 말끔히 용서해준다는 이상한 문서인 '면죄부'를 팔아치우며 사이비 종교와 다름없는 행보를 보인 당시 로마 가톨릭교회의 타락상을 공개적으로 비판했다. 흔히 강한 신념을 지닌 인물로 그려지는 루터는 알고 보면 상당히 기묘한 남자였다.

루터는 스물한 살 때 에르푸르트의 아우구스티누스 수도회 소

속 수도원에 들어갔다. 광부로 시작해 자수성가한 루터의 아버지는 아들이 상류계급의 교육을 받기 원했고 법률을 공부해 장차 정치인이 되기를 바랐다. 그런데 배은망덕하게도 루터는 교육비를 대주는 아버지에게 연락도 하지 않고 제멋대로 자퇴서를 내고 수도원으로 들어가 버렸다. 아버지와의 약속보다 신과의 약속이 더 중요하다고 믿었기 때문이다.

어느 날 들판에서 천둥 번개를 동반한 거센 폭풍우를 만난 루터는 벼락에 맞을지 모른다는 두려움에 휩싸였다.

'주님! 만약 이 폭풍우에서 저를 구해주신다면 수도사가 되어 제게 남은 일생 동안 주님을 위해 살겠습니다.'

그는 두 손을 모르고 간절히 기도를 드렸다. 그러자 신이 그의 기도에 응답하기라도 한 듯 거짓말처럼 폭풍우가 잠잠해졌다. 루터는 자신의 기도가 응답받았다고 믿고 신앙의 길로 들어섰다.

이렇듯 젊은 시절부터 남다른 열정과 실천력을 가진 루터였으나 다른 한편으로 섬세한 일면에 더해 공황 발작을 일으키기도 했다. 스물세 살에 가톨릭 사제가 된 루터는 미사 도중 갑자기 악령에 사로잡히는 충격적인 일을 겪었다. 아니, 정확한 사실을 알 수는 없지만 진위야 어쨌든 그가 정말로 악령에 빙의되었다고 믿은 신도들 사이에 한바탕 소동이 벌어졌다.

사건이 벌어진 때는 마르코 복음서(마가복음) 9장 17절, 악령이 들린 아이에게 예수님이 기적을 일으키는 장면을 읽어 내려가던 참이었다. 그 순간 성가대 석에 앉아 있던 루터가 갑자기 졸도했다. 당시 상황을 목격한 사람들은 루터가 뭔가에 의해 영혼이 사로잡히기라도 한 듯 잠꼬대처럼 알아들을 수 없는 이상한 말을 중얼거리더니 잠시 후 황소처럼 우렁찬 목소리로 으르렁대기 시작했다고 증언했다. 그러다가 갑자기 "이건 내가 아니야!"라고 외마디 비명을 내질렀다. 이런 루터의 모습을 본 사람들은 두려움에 몸을 떨었다.

루터가 제멋대로 수도원에 들어간 것을 두고 루터의 아버지는 "폭풍우에서 널 구해준 건 주님이 아니라 악령이야"라며 심하게 비난했는데, 이 말이 계속 루터의 가슴에 맺혀 있었던 것으로 보인다. 늘 "내가 수도원에 들어온 것은 악령에 사로잡혀서가 아니야!"라고 누구든 붙잡고 소리치고 싶었던 것이 터져 나온 게 아니었을까.

"너희는 악마의 항문을 통해 지상에 떨어진 배설물이다"

이런 일들로 보아, 훗날 로마 교회에 공개적으로 반항해 파문당하면서도 전혀 움츠러든 모습을 보이지 않고 시종일관 당당함을 유지한 루터는 사실 속으로 엄청난 스트레스를 받고 있었을 것 같다.

루터는 이후 로마 가톨릭을 증오하며 자신의 마음속에 숨은 악마와 싸워야 하는 힘겨운 인생을 보냈다. 마침내 심각한 우울증에 걸린 루터는 기독교 신자에게 금기인 자살까지 생각하게 되었다. 물론 믿음을 저버리고 차마 자살을 실행에 옮길 수 없었던 그는 대신 '순교'를 꿈꾸었다.

순교를 열망하던 루터는 스스로 악마에게 박해받기를 원했다. 사실 루터가 경험한 '악마 빙의'는 그 자신이 '악마의 탕'이라고 부른 심장 발작에서 비롯되었다. 발작이 시작되면 비정상적으로 땀을 많이 흘려 온몸이 흥건히 젖고 괴로움에 몸부림치게 되었기에 지옥에서 온 악마가 자신을 '열탕 지옥'에 푹 삶는 느낌이라고 해서 붙인 별명이었다. 중년 이후 루터의 마음은 심각한 우울감에 지배당했고 우울감이 찾아온 뒤에는 악마에 빙의된 상태에 빠지는 게 정해진 순서였다.

게다가 엎친 데 덮친 격으로 신에 대한 믿음을 잃어버리는 순간이 수시로 찾아왔다. 격노와 폭음, 폭식, 성적 욕망 등 기독교에서 말하는 일곱 가지 죄인 '칠죄종'에 차례로 지배당했고 그때마다 악마에게 사로잡혔다며 소란을 일으켰다.

루터는 악마가 가장 두려워하는 것은 '인간의 항문'이라고 믿었다. 그는 "너희는 악마의 항문을 통해 지상에 떨어진 배설물이다"라는 불경스러운 말을 종종 내뱉어 사람들을 충격에 빠뜨리곤 했다.

루터는 “저주하지 않으면 기도할 수 없다”라고 말하기도 했다. 그는 “아버지의 뜻이 땅에서도 이루어지게 하소서”라고 기도한 뒤 “로마 가톨릭의 교황 제도가 저주받아 매도당하고 파괴되게 하소서”라는 저주를 덧붙이지 않으면 직성이 풀리지 않았다.

성자와 광인을 넘나드는 루터는 심리학자의 구미를 확 끌어당기는 근사한 ‘분석 대상’으로도 유명하다. 신의 벌이나 악마의 유혹보다 인간의 병든 마음이 훨씬 무서울 수 있다는 사실을 보여주는 독특한 사례가 아닐까?

EPISODE

34

미소년 300명을 무참히 살해한 희대의 살인마 질 드 레

잔 다르크와 함께 프랑스 국왕 샤를 7세를 위해 오를레앙을 방어하는 등 무수한 공을 세운 질 드 레가 '소년 학살 사건'의 범인이었다?

레 남작(Baron de Rais) 질 드 몽모랑시라발(Gilles de Montmorency-Laval, 1405~ 1440)은 흔히 '질 드 레(Gilles de Rais)'라고 불리는데, 그는 프랑스 전래동화 『푸른 수염(Barbe bleue)』의 모델로 잘 알려져 있다.

질 드 레가 죽은 뒤 먼 훗날 누군가에 의해 그려졌다고는 하나 초상화 속 그 남자는 칠흑처럼 검은 머리카락과 수염이 돋보인다. 검푸를 정도로 새까만 머리카락과 수염이 어쩌면 『푸른 수염』에 영향을 미쳤을 수도 있다.

그런데 우리가 명확히 알아야 할 것은 질 드 레가 『푸른 수염』의 주인공처럼 자신에게 시집온 신부를 줄줄이 죽이지 않았다는 점이다. 그렇다면 실제로는 어땠을까? 동화 속 인물이 아닌 현실 속의 질 드 레는 오로지 '미소년'을 죽이는 일에 골몰했다.

질 드 레는 매우 자질이 뛰어난 군인이었다. 그는 잔 다르크와 함께 프랑스 국왕 샤를 7세를 위해 오를레앙을 방어하는 등 무수한 공을 세웠다. 어쩌면 그에게 전쟁터란 막대한 비용을 투입해 벌어지는 합법적 살육과 유희의 현장이었을지 모른다. 전쟁터는 어떤 형태의 살인이든 법적으로나 도덕적으로나 정당화되는 특수한 공간이기 때문이다.

스물다섯 살 무렵 질 드 레는 잔 다르크와 함께 국왕 샤를 7세의 즉위에 크게 이바지한 공과 유서 깊은 가문 출신이라는 배경을 등에 업고 실제 성과보다 다소 부풀려진 평가를 받음으로써 경쟁자들을 가볍게 제치고 '원수' 지위에 올랐다. 그러나 공교롭게도 그 무렵 심각한 낭비벽으로 자금 사정이 곤란해진 질 드 레는 자신이 소유한 블레송성을 매각해야 했다.

게다가 훗날 그는 자기 손으로 팔아치운 성의 권리를 주장하며 완력을 동원해 억지로 빼앗으려다 소송전으로 번져 법정까지 갔다가 그곳에서 감춰진 사실이 까발려지며 결국 파국을 맞이하게 된다. 이 소송전에서 터져 나온 추문이 질 드 레가 가지고 놀다가 죽였다는 '소년 학살 사건'이다.

300여 명의 소년을 끔찍한 방법으로 살해한 희대의 살인마

아버지 대신 질 드 레를 키운 후견인이자 외할아버지인 장 드 크라옹(Jean de Craon)이 세상을 떠났다. 1432년 11월 15일의 일이다. 질 드 레의 고백에 따르면, 외할아버지의 죽음을 전후로 죄었던 고삐가 갑자기 풀렸는지 어느 날 소년 학살 취미에 눈을 떴고 도저히 멈출 수 없게 되었다고 한다. 그리고 그의 마수에 붙잡힌 소년 300여 명이 끔찍한 죽임을 당했다.

질 드 레가 가장 많은 소년을 살해한 해인 1438년의 기록을 잠시 들여다보자. 그해 2월부터 3월까지 견습 요리사이던 소년 기욤의 행방이 묘연해지는 사건이 발생했다.

그 무렵 기욤은 질 드 레가 외할아버지에게서 물려받은 프랑스 서부 낭트의 저택 라 수즈에서 일했다. 한데 오랫동안 기다려도 연락이 오지 않자 그의 부모가 아들의 안부가 걱정되어 여기저기 수소문하고 다녔다.

"질 드 레 님이 아이들을 모아서 죽인다는 소문이 있던데, 그게 사실입니까?"

순진한 부모가 질 드 레의 측근에게 대놓고 솔직하게 묻자 입방정 떨지 말라는 불호령과 함께 무서운 말로 협박을 받고 손이 발이 되도록 빌었다는 이야기가 떠돌아다녔다.

같은 해 6월 24일에는 라 수즈에 드나들던 열두 살 소년이, 27일에는 열네 살 소년 장(Jean)이 잇달아 살해당하는 사건이 벌어졌다. 한데 이 열네 살 소년 장과 관련해서는 흔치 않게도 다양한 기록이 남아 있다. 기록에 따르면, 장은 빼어나게 아름다운 소년으로 성인이 되면 넉넉한 보수와 함께 집사 자리를 보장해주겠다는 약속을 받고 질 드 레의 저택에 들어갔다.

질 드 레가 평민 집안의 소년 중 희생자를 고르는 원칙을 철저히 고수한 까닭

질 드 레가 이 가련한 소년들을 어떻게 '처리'했는지 이단 재판 법정에서 그의 시종들이 증언한 내용을 종합해 살펴보자. 먼저, 질 드 레는 평민 집안의 소년 중 희생자를 고르는 원칙을 철저히 고수했다. 당시 중세 유럽에서는 귀족이 평민에게 아무리 큰 범죄를 저질러도 처벌받지 않았기 때문이다.

소년들을 교묘한 말로 구슬려 저택으로 데려오면 시종들이 욕실로 데려가 청결히 씻긴 다음 깨끗하고 아름다운 의복을 내주었다. 몸단장을 마친 소년들은 침실로 안내되었고, 평생 한 번도 구경해보지 못한 온갖 진귀한 과자를 맘껏 먹으며 다정하게 애무받았다. 그 순간에 소년들이 저항하지 않은 이유는 애초 동성애 성향이 있는 고분고분한 소년들을 세심하게 골랐기 때문일 가능성이 크다.

구름 위에 사는 귀족 나리에게 총애받으며 난생 처음 받는 호사스러운 대접에 소년들은 어안이 벙벙해졌다. 그렇게 소년들이 한동안 쾌락의 시간을 즐긴 뒤 넋이 나간 틈을 노려 질 드 레의 시종들이 불시에 덮쳐 밧줄로 꽁꽁 묶었다. 그런 다음 시종들은 소년들을 벽에 고정해둔 갈고리에 매달았다. 귀족 나리가 달콤한 말로 어르고 다정한 손길로 어루만져주는 상황에 길들어 자못 거만하게 굴던 소년들은 순식간에 푸줏간에 매달린 고기처럼 갈고리에 대롱대롱 매달리는 신세가 되었다.

소년들은 공포에 질려 비명을 질렀다.

"시종들의 장난이다."

"내가 있으니 안심하거라."

소년들이 질 드 레의 말을 듣고 안도의 표정을 짓자마자 질 드 레는 손으로 그들의 목을 조용히, 그러나 힘껏 졸라 질식시켰다.

그런 다음 날카로운 흉기로 목을 찢어발기고 핏방울을 튀기며 단말마의 비명을 내지르는 소년들의 모습을 흡족한 표정으로 내려다보았다. 시종들의 증언에 따르면 그는 소년들의 팔다리를 자르기도 했고, 곤봉으로 목덜미를 때려 목을 부러뜨리기도 했다.

또 예리한 날이나 못이 달린 몽둥이 같은 다채로운 흉기를 사용하는 것을 즐겼다고 한다.

자기 자식의 목숨을 무참히 앗아간 질 드 레를 원망하기는커녕 광기에 사로잡힌 그의 영혼을 구원해달라는 기도를 올리는 이상한 부모들

귀족이든 평민이든, 신분과 무관하게 교회에서 금단의 행위로 금지한 동성애는 당시에 은밀하면서도 활발하게 이루어졌다.

질 드 레가 '선택한' 소년들은 대부분 뛰어난 용모와 재주를 인정받아 귀족의 저택에서 일해본 경험이 있는 경력자들이었다. 소년들은 순수한 겉모습과 달리 불건전한 취미를 가진 어른들의 노리개로 부려지며 용돈을 벌어본 경험이 있어 추악한 어른들의 세계를 이미 어느 정도 알고 있었을 가능성이 높다.

그런 터라 밧줄에 꽁꽁 묶인 상태에서도 '이는 모두 주인 나리가 시킨 일이고 자신을 해코지할 리가 없다'며 안심했을 수도 있다. 어쩌면 타고난 미모의 노예가 되어 악덕에 물들어도 대수롭지 않게 여길 만큼 타락해버린 소년들에게 벌을 주는 일이 질 드 레에게 가장 큰 쾌락이었을지 모른다. 그리고 어쩌면 질 드 레의 내면에서 영원한 이상은 차마 범접할 수 없는 위엄으로 가득 찬 '성

처녀 잔 다르크'였을지 모른다. 그 연장선에서 생각해보면 남장한 잔 다르크는 마치 미소년 같은 모습이 아니었을까.

사실 1434년 9월부터 그 이듬해 8월까지 질 드 레는 자신이 모든 비용을 부담하고 이런저런 특별 요구사항(잔 다르크 역할은 반드시 '소년'이 연기해야 한다고 주장했다)을 덧붙인 잔 다르크와 자신이 등장하는 장대한 '신비극'을 상연하게 했다.

이 연극은 오를레앙 해방일인 5월 8일부터 시작되어 오를레앙 시내 공연장에서 다섯 달에 걸쳐 상연되었다. 한데 질 드 레는 관객이 입장권을 사는 데 필요한 비용까지 모두 부담하는 통 큰 행보를 보였다. 이 선심성 무료 공연으로 질 드 레의 재산은 바닥을 드러내기 시작했고 심각한 자금난에 시달렸다. 질 드 레는 자신이 깊이 흠모하는 잔 다르크와 함께 무너질 운명이었다.

우연인지 운명의 장난인지 훗날 질 드 레는 법정에서 모든 범죄 행각이 밝혀진 뒤 유죄 평결을 받고 자신이 흠모하던 잔 다르크와 마찬가지로 화형을 당했다. 1440년 10월 26일의 일이다. 질 드 레의 처형 집행일에 그에게 자식을 잃은 부모를 포함한 많은 사람이 화형대를 에워쌌다. 한데 충격적이게도 그들은 생때같은 자식의 목숨을 무참히 앗아간 질 드 레를 원망하거나 비난하기는커녕 광기에 사로잡힌 그의 영혼을 구원해달라는 기도를 올렸다.

EPISODE

35

환상적 세계관에 광적으로 집착하다 비극적 죽음을 맞이한 군주 루트비히 2세

꿈의 성에서 몽상과 음악 감상에 심취하고

정치에는 무관심했던 '광인왕' 루트비히 2세

과거에 유럽인들이 가장 두려워한 질병은 암이나 심근경색이 아닌 '광기'였다. 독일 남부 바이에른 왕국의 국왕 루트비히 2세(Ludwig II, König von Bayern, 재위 1864~1886)도 광기의 희생자였는데, 그가 죽음에 이른 경위를 두고 130여 년이 지난 지금까지도 온갖 의혹이 끊이지 않는다.

루트비히 2세의 인생은 그의 명령으로 지어진 노이슈반슈타인성(Schloss Neuschwanstein)으로 상징된다. 노이슈반슈타인성은 디즈니

애니메이션 〈신데렐라〉의 주요 배경인 성의 모델로도 유명하다. 루트비히 2세가 살던 19세기 후반은 낭만주의 시대로 옛 시대 건축에 관심이 집중되었다. 그러나 루트비히 2세는 거대한 형태로 짓는 중세 독일의 성 건축양식을 따르지 않고 자신이 새롭게 디자인한 성을 지어 세상을 놀라게 했다.

그는 일생 동안 막대한 자금을 아낌없이 쏟아부어 '꿈의 성'을 세 채나 지었다(나머지 두 성은 린더호프성과 헤렌킴제성이다). 그는 꿈의 성에서 몽상과 음악 감상에 심취했고 정치에는 무관심했기에 '달의 왕(Mondkönig)', '동화의 왕(Märchenkönig)' 등의 별명을 얻었다.

루트비히 2세가 헤렌킴제성 안에 자신이 동경하던 베르사유궁을 본떠 진짜보다 더 긴 '거울 회랑'을 만든 까닭은?

루트비히 2세가 지은 성은 일반적인 왕이나 귀족의 성과는 근본적으로 달랐다. 대개 성을 지을 때는 성주의 권위를 보여주기 위해 외부 인사를 알현하는 접견 공간을 중시했다. 그러나 루트비히 2세는 침실(그 다음은 주방 설비)에 특히 힘을 주어 설계했다. 그는 '낮의 세계'를 부정하고 '밤의 세계'에 살고자 했기에 침실에 엄청난 공을 들였다.

루트비히 2세가 사랑한 리하르트 바그너(Wilhelm Richard Wagner)의

악극 〈트리스탄과 이졸데(Tristan und Isolde)〉가 그의 미적 감각에 많은 영향을 미쳤다. 불륜의 사랑에 괴로워하는 남녀가 '낮, 즉 이성의 세계'를 거부하고 '본능, 즉 밤의 세계'에 심취하는 장면에서 인생을 뒤바꾸는 영감을 얻은 것으로 보인다.

루트비히 2세는 해가 뜨기 전인 아침 여섯 시쯤 잠자리에 들고 해가 지면 일어나는 밤낮이 뒤바뀐 생활을 오랫동안 고수했다. 말하자면 그는 일반 사람과 정반대 시간대를 살며 고독을 음미한 것이다.

루트비히 2세는 헤렌킴제성 안에 동경하던 베르사유궁을 본떠 진짜보다 더 긴 '거울 회랑'을 만들었다. 한밤중에 혼자서 알현 행사를 거행하고 싶었던 걸까?

루트비히 2세는 고독에 집착했다. 1874년에 건축을 시작한 린더호프성에는 지하 주방에서 식당이 있는 2층까지 요리와 와인을 실은 테이블이 올라오는 장치를 만들기도 했다. 이는 그가 흠모한 마리 앙투아네트(의 유령?) 등 옛 시대의 고귀한 손님을 초대해 만찬을 열 때 거추장스러운 시종들의 방해를 받지 않고 맘껏 즐기고 싶다는 바람에서 특별히 고안한 장치였다.

자신의 꿈을 완전무결한 형태로 실현한 루트비히 2세는 자기 취향에 딱 맞는 세계에 이러쿵저러쿵 참견하는 타인의 존재를 필요로 하지 않았다.

그 밖에도 루트비히 2세는 자신이 만든 성 안에 인공 종유동굴과 폭포를 설치했다. 환상적인 세계관에 병적으로 집착하는 그의 모습은 정상 범주에서 한참 벗어나 있었다.

루트비히 2세는 바이에른 왕국의 국왕이었으나 바이에른은 19세기 초반에 이미 입헌군주제를 채택해 국왕의 지위는 한낱 '고용인'에 지나지 않았다.

말하자면 그는 비록 신분은 국왕일지라도 국민 세금으로 지급되는 봉급을 타서 생활하는 월급쟁이 왕인 셈이었다. 그러나 절대군주로 막강한 권력을 행사한 '태양왕' 루이 14세를 동경하던 루트비히 2세는 자신의 비루한 처지가 납득되지 않았다. 결국 현실에서 자신의 처지를 순순히 받아들이지 못한 루트비히 2세는 꿈의 세계를 실현하는 방향으로 인생의 항로를 틀었다.

루트비히 2세는 왜 생전에 자신이 죽은 뒤 노이슈반슈타인성을 폭파하라는 유언을 남겼을까?

루트비히 2세는 결국 체포되는 신세가 되었다. 이는 1886년 6월 12일의 일이다. 그는 광기로 '정신 질환'을 진단받았을 뿐 아니라 폐위되어 신병도 구속되었다. 이렇게 진단한 의사 베른하르트 폰 구덴(Bernhard von Gudden)은 바이에른 국왕 자리를 넘보던 프로이센 왕국 또는 바이에른 내 친 프로이센 파벌에 포섭된 인물이었을 가능성이 크다.

정황은 충분히 의심스러웠으나 바이에른 의회는 구덴 박사의 진단을 승인했다. 구덴이 루트비히 2세에게 내린 진단은 '편집증(paranoia)'이었는데, 사실 19세기 당시 편집증은 일반적 광기를 대충 뭉뚱그려 부르는 이름에 지나지 않았다. 의사가 정확히 무슨 병인지 모르는데 진단서에 병명을 적어야 할 때 수시로 등장하는 '면피용 병명'이 바로 편집증이었다.

광기를 치료하는 수단은 사회로부터의 격리였다. 감옥이나 다름없는 격리시설이 바이에른 왕국 각지에 설치되었고, 그곳에 들어간 루트비히 2세는 세상과 철저히 단절된 생활을 해야 했다. 당시에는 일단 광기라는 진단을 받고 나면 사회로 돌아올 기회를 완전히 박탈당했다고 해도 좋을 정도로 철저히 격리되었다.

"짐을 한 번도 진찰한 적이 없으면서 어찌하여 짐을 편집증이라 진단하고 미치광이로 몰아가는가?"

루트비히 2세는 구덴에게 정중하게 물었다.

루트비히 2세는 슈타른베르크 호반에 있는 베르크성에 감금되었다. 운명의 장난인지 하필 그 성은 그가 유년 시절을 보낸 평화로운 추억을 간직한 장소였다. 그곳에서 루트비히 2세는 식사할 때도 포크와 나이프를 주지 않아 손으로 음식을 먹어야 했다. 자살을 우려해 내려진 조치였다.

루트비히 2세는 저녁 식사 후 폭풍우가 휘몰아치는 와중에 다른 수행원을 물린 채 의사 구덴을 대동하고 산책에 나섰다. 그곳에 도착한 후 이틀째인 6월 13일의 일이다. 그리고 두 사람은 살아서 성에 돌아오지 못했는데, 두 사람의 사인은 익사였다.

구덴의 얼굴에는 루트비히 2세가 할퀴어서 생긴 생채기가 남아 있었다. 루트비히 2세의 사인으로는 익사 판정이 내려졌으나 그의 죽음에는 풀리지 않는 의문점이 많았다. 그도 그럴 것이 루트비히 2세는 운동신경이 상당히 좋은 편이었고 특히 수영 실력이 뛰어났다. 아무튼 그의 죽음은 오랜 세월이 흐른 지금까지 의문사로 남았다. 마흔 살밖에 되지 않은 젊은 나이에 맞이한 갑작스러운 죽음이었다.

"나는 수수께끼로 남고 싶다. 영원히 수수께끼로 남고 싶다."

평소 입버릇처럼 말한 그대로 루트비히 2세는 최후를 맞이했다.

루트비히 2세는 생전에 자신이 죽은 뒤 노이슈반슈타인성을 폭파하라는 유언을 남겼다. 그러나 그의 유언은 지켜지지 않았다. 그는 왜 그런 유언을 남겼을까? 자신의 내면을 현실화한 성에 수많은 사람이 흙 묻은 구둣발로 저벅저벅 걸어 들어온다는 상상만으로도 끔찍한 공포에 시달렸기 때문이었을 것이다.

젊은 시절 '유럽을 통틀어 가장 아름다운 군주'로 칭송받던 용모는 만년이 되자 초라하게 시들었고, 오늘날까지 남아 있는 그의 초상화에는 비정상적으로 두툼하고 멍한 눈빛에 머리숱이 듬성듬성한 중년 사내가 그려져 있었다.

루트비히 2세의 극적인 변화를 보면 '지나친 망상으로 인간은 이렇게나 허망한 최후를 맞을 수 있구나'라는 생각이 든다.

EPISODE

36

나치스의 비뚤어진 철학이 부른 당 고위 간부의 엽기적인 아이 유괴사건

"모든 여성은 서른다섯 살까지 순혈 독일 남성과의 사이에 아이를 네 명은 낳을 의무가 있다"

온갖 광기를 총망라한 광기의 대 전시장으로 평가받는 나치스 독일. 수많은 죄 없는 사람을 유대인의 핏줄을 물려받았다는 이유로 조직적으로 학살한 광기의 폭주가 아닐 수 없다. 그러나 나치스 정권 치하에 독일 민족으로 태어났다고 해서 안락한 삶이 무조건 보장되지는 않았다.

모든 여성은 서른다섯 살까지 순혈 독일 남성과의 사이에 아이를 네 명은 낳을 의무가 있다.

이는 1943년 나치스가 진지하게 실험을 검토한 정책에 포함된 충격적인 내용의 일부로, '우수한' 게르만 민족의 자손을 늘리기 위한 정책이었다. 그러나 그 무렵 나치스 독일은 소련과의 중요한 전투에서 참패하는 등 전세가 기울어가는 중이었기에, 폐색이 짙어지자 더 밀어붙이지 못하고 정책 시행을 무기한 연기했다고 추정된다.

사실 이 정책은 여성만이 아니라 남성에게도 문제였다. 왜냐하면 이 정책이 실제로 시행되면 네 번째 아이를 얻은 가족의 아버지는 자녀가 없는 다른 가족에게 오로지 번식 목적으로 파견되어 성적으로 봉사해야 한다는 엽기적인 안까지 나왔기 때문이다. 나치스의 이상성(異常性)을 한마디로 논한다면 인간 생명을 대하는 감각이 거의 마비 수준으로 둔감해졌다고 평가할 수 있지 않을까.

아이가 없어 고민하던 니니, 열일곱 살 연하의 라셔 박사와 사랑에 빠지다

'니니(Nini)'라는 애칭으로 알려진 열광적 나치스 지지자 카롤리네 라셔(Karoline Rascher, 1893~1945)는 1893년 독일 뮌헨에서 태어났다. 그의 본업은 가수였는데, 열여섯 살에 결혼했으나 아이를 낳지 못한 채 일찍이 남편을 여의고 젊은 나이에 과부가 되었다.

처음부터 끝까지 열성적 나치스 당원이던 니니는 이동이 비교적 자유로운 가수 신분을 활용해 당의 스파이 임무를 수행했다. 그는 히틀러의 측근 하인리히 힘러(Heinrich Himmler)를 영입하는 공을 세운 나치스 독일의 감춰진 유명 인사이기도 했다.

그런데 니니에게는 한 가지 치명적 약점이 있었는데, 그것은 바로 아이가 없다는 점이었다. 자녀의 수로 여성의 가치가 달라진다는 나치스의 폭력적 사상에 공감하면서도 정작 자신은 아이를 한 명도 낳지 못한 채 과부가 되었기에 남몰래 마음고생을 했다.

그러던 중 1936년에 다른 상황이 펼쳐졌다. 마흔세 살 니니가 스물일곱 살 청년 지그문트 라셔(Sigmund Rascher) 박사를 만나 운명적 사랑에 빠진 것이다. 라셔 박사는 의학박사 학위를 이제 막 취득한 젊은 청년이었다. 니니에게는 그가 이상적인 남자로 보였다.

니니는 나이를 속여 자신이 서른세 살이라고 주장했다. 두 사람이 교제를 시작할 무렵의 일이다. 게다가 거짓말이 통했다고 믿은 니니는 점점 더 대담해져서 얼마 후 자신의 나이를 무려 열다섯 살이나 줄여 말했다.

"당시 나는 이미 그 여성에게서 벗어날 수 없게 되었다."

훗날 라셔는 이렇게 고백했다. 니니는 경제적으로나 육체적으로나 성숙한 여성의 매력으로 이 젊은 박사를 이끌어 자신의 치마

폭에 꽁꽁 옭아맸다.

프라하 여행에서 갑자기 갓난아기를 품에 안고 돌아온 니니

라셔는 니니의 연출로 나치스 친위대(Schutzstaffel, SS)에 들어갔고, 친위대 내부의 엘리트 집단인 'SS-해골부대(SS-Totenkopfverbände)' 입대를 지망했다. 한데 SS-해골부대에 들어가려면 임신과 출산 가능성이 높은 젊고 건강한 아내가 필요했다.

그러나 당시 니니는 이미 마흔여섯 살이 넘은 나이였다. 게르만 민족의 남성으로 '번식'에 협력하지 않는 건 대역죄에 해당했기에 니니의 지인으로 막강한 권력을 자랑하던 하인리히 힘러조차 라셔의 입대를 보류했다. 라셔의 출세길에 먹구름이 드리워지는 순간이었다.

그런데 니니의 몸에 이변이 일어났다. 어느 날 그는 라셔에게 반가운 임신 소식을 전했다. 그러고는 얼마 후 장기 출장에서 돌아온 라셔를 자랑스러운 표정으로 맞이했다. 니니의 품에는 신생아가 안겨 있었다.

니니는 프라하로 여행을 갔다가 갑자기 조산 기미를 느꼈는데, 다행히도 무사히 아이를 낳아 품에 안고 돌아왔다고 이야기했다. 그는 조산사의 증언과 여자 의사의 진단서도 야무지게 갖춰놓고 있었다.

부부가 손꼽아 기다리던 사내아이에게 페터(Peter)라는 이름이 붙여졌다. 물론 독자 여러분이 상상하는 대로 페터는 프라하에서 다른 여성이 낳은 아이였으며 출생을 증명하는 서류는 모조리 위조된 것이었다.

니니는 짧은 기간 동안 같은 수법을 동원해 폴커(Volker)라는 이름의 아들도 '낳았기'에 결국 하인리히 힘러도 두 사람의 결혼을 허가했다. 이후 라셔는 친위대 엘리트로 출세 가도를 달렸고 다하우 강제수용소에서 자행된 온갖 살벌한 인체 실험의 책임자가 되었다.

남편에게 여섯 명의 아이를 조달하기 위해 납치, 바꿔치기, 반품 등 온갖 엽기 행각을 벌이다

남편 라셔가 잔혹하고 비인간적인 실험에 열중하는 동안 아내인 니니도 나름대로 분주한 나날을 보냈다. 니니는 어디선가 새로운 아이들을 '조달'하느라 바빴다. 그의 목표는 여섯 명의 자녀를 남편 품에 안겨주는 것. 어디서 아이를 물어다 주는 황새라도 구했는지 페터와 폴커에 이어 디터(Dieter), 라이너(Rainer) 등의 사내아이를 줄줄이 '낳았다'. 물론 모두 어디선가 데려온 아이들이었다.

이상하게도 자신이 장기 출장만 가면 출산하는 아내를 남편 라셔가 수상히 여기기 시작했다. 남편이 자신을 의심하는 눈치가 보이자 니니는 자기 집 거실에서 아기를 낳은 증거를 보여주기 위해 거실 이곳저곳에 핏자국을 만들거나 갓 낳은 핏덩이 신생아처럼 보이는 아기를 품에 안고 침대에 누워 있는 장면을 연출하기도 했다.

그는 어떻게 핏덩이 신생아를 구할 수 있었을까? 마침 당시 공습으로 소개령이 내려진 상황에서 강보에 싼 신생아를 안은 어머니를 발견하면 아기를 안전한 시골로 대피시켜주겠다고 속여 아기를 가로채는 방법을 사용했다.

여러 명의 아들을 간절히 원했던 니니는 임신에서 출산에 걸리는 기간쯤은 가볍게 무시했다. 심지어 생후 몇 주일이 지난 아기를 신생아라고 속여 의사인 남편에게 당당히 내보이기까지 했다.

니니의 엽기적 행각은 나날이 심해졌다. 어느 날 장기 출장에서 돌아온 남편은 출장 가기 전과 달라진 아이들의 얼굴을 발견하고 깜짝 놀랐다. 니니가 조달한 아들들은 계절마다 새롭게 단장하는 화단의 화초처럼 수시로 교체되었다.

그는 친어머니가 자기 자식을 돌려달라고 요구하거나 아기가 자신의 이상에 부합하지 않으면 별 고민 없이 다른 아이를 물색해 바꿔치기하는 식으로 자신이 이상적으로 여기는 가정을 유지하려 했다.

니니는 게르만 민족이 아닌 하등 인종의 피가 섞인 흔적이 보인다고 트집 잡아 마치 마음에 들지 않는 물건을 반품하듯 아이를 친부모에게 돌려보내기도 했다. 참고로 페터, 폴커, 라이너는 니니가 기억하는 아이만 해도 각각 두 명씩 있었고 그는 그 아이들을 '페터 1호', '폴커 2호' 식으로 불렀다. 게다가 디터는 3호까지 준비돼 있었다.

이 모든 사실을 알게 된 남편 라셔는 어떻게 대처했을까?

"모르는 척하는 수밖에 없었다."

라셔가 남긴 기록 중 한 문장이다. 그는 아내의 충격적인 범죄 행각을 묵인하는 길을 택했다. 그는 나치즘이 요구하는 '좋은 어머니', '좋은 아내'상에 맞추려고 애를 쓰다 결국 정신줄을 놓아버리고 폭주하는 아내를 무시하는 방법밖에 달리 길이 없다고 믿은 것으로 보인다.

니니와 아기들을 둘러싼 희대의 사기 행각은 결국 들통이 났고 독일을 발칵 뒤집어놓았다. 뮌헨에서 발행된 신문에 한 아이의 유괴사건 기사가 실리며 비로소 세상에 알려진 것이었다. 이는 1944년 3월의 일이다. 니니는 할당량인 여섯 명의 아이를 채우기 위해 뮌헨역에서 갓난아기를 유괴했는데, 그것이 사달이 난 것이었다.

신문 기사를 읽은 라셔가 다그쳐 물었으나 니니는 시치미를 떼며 범행 사실을 부인했다. 그러나 니니의 입에서 자백이 나오기까지는 그리 오랜 시간이 걸리지 않았다. 유능한 경시총감이 직접

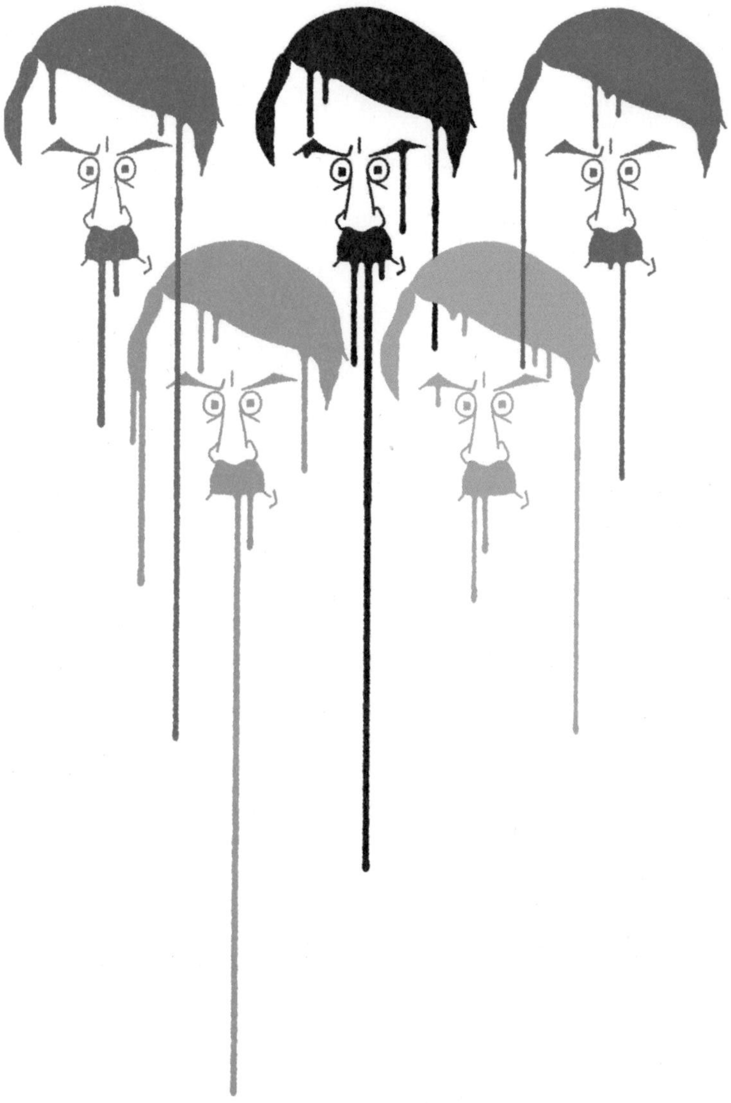

그의 심문을 맡으면서 수사는 급물살을 탔다. 처음에 그는 혐의를 완강히 부인했으나 집요한 심문이 계속되자 결국 모든 죄를 실토했다. 니니는 아이 몇 명을 데려온 사실을 인정했으나 구체적으로 어디서 어떤 방법을 동원해 범죄를 저질렀는지 정확한 범행 과정은 기억하지 못했다.

남편 라셔는 나치스 친위대 자격을 잃고 범죄자 취급을 받으면서도 의사 자격을 가진 '특별 죄수'로 분류되어 인체 실험을 계속했다. 그러나 그는 어느 날 괴한이 쏜 총에 목덜미를 맞고 사망했다. 1945년 4월 26일의 일이다.

니니는 강제수용소 독방에서 남편 앞으로 별거의 슬픔을 절절히 담은 편지를 써서 보냈다. 그러나 라셔는 아내가 너무 무섭다며 두 번 다시 만나고 싶지 않다고 주위 사람들에게 호소했다.

니니는 탈옥을 시도하며 여성 간수를 습격한 혐의로 교수형에 처해짐으로써 생을 마감했다.

참고문헌

Beaune, Colette, 『Jeanne d'Arc』, Perrin, 2004

Black, Will, 『The Chinese Palace at Oranienbaum: Catherine the Great's Private Passion (Great Palaces)』, Bunker Hill Pub Inc., 2003

Bynum, William, 『The History of Medicine: A Very Short Introduction』, Oxford University Press, 2008

Campan, Jeanne Louise Henriette, 『Memoirs of the Court of Marie Antoinette, Queen of France, Complete: Being the Historic Memoirs of Madam Campan, First Lady in Waiting to the Queen』, Library of Alexandria, 2012

Cornwell, Patricia Daniels, 『Portrait of A Killer: Jack The Ripper–Case Closed』 Patricia Daniels Cornwell, G.P. Putnam's Sons, 2002

Deliège, Robert, 『Gandhi』, QUE SAIS JE , 1999

Dixon, Simon, 『Catherine the Great (Profiles In Power)』, Routledge, 2001

Du Hausset, Mme., 『Mémoires, servant d'introduction aux Mémoires de Madame Campan』, Baudouin fréres et compe, 1825

Erikson, Erik H., 『Young Man Luther: A Study in Psychoanalysis and History』, W. W. Norton & Company, 1958

Frazer, James George, 『Taboo and the Perils of the Soul』, Macmillan and Co Limited, 1911

Gainey, Paul, Evans, Stewart, 『Jack The Ripper: First American Serial Killer』, Cornerstone Digital, 1998

Lemesurier, Peter, 『The Nostradamus Encyclopedia: The Definitive Reference Guide to the Work and World of Nostradamus』, St. Martin's Press, 1997

Mann, Susan L., 『Gender and Sexuality in Modern Chinese History』, Cambridge University Press, 2012

Montefiore, Simon Sebag, 『The Romanovs: 1613-1918』, W&N, 2016

Quinn, Susan, 『Maria Curie: A Life』, Simon & Schuster, 1995

Radzinsky, Edvard, 『Rasputin: The Last Word』, Orion Publishing Co., 2000

Radzinsky, Edvard, 『The Rasputin File』, Anchor, 2000

Ranke-Heinemann, Uta, 『Eunuchs for the Kingdom of Heaven: Women, Sexuality, and the Catholic Church』, Doubleday, 1990

Rauschning, Hermann, 『Gespräche mit Hitler』, Europa Verlag, Zürich, 1973

Robinson, Frances, 『The Mughal Emperors: And the Islamic Dynasties of India, Iran, and Central Asia』, Thames & Hudson, 2007

Schiff, Stacy, 『Cleopatra: A Life』, Little, Brown & Co., 2010

Sigmund, Anna Maria, 『Die Frauen der Nazis 1, 2, 3』, Uebereuter, 1998

Wandruszka, Adam, 『The House of Hapsburg; Six Hundred Years of a European Dynasty』, Sidgwick & Jackson, 1964
Zdral, Wolfgang, 『Die Hitlers. Die unbekannte Familie des Führers』, Campus Verlag, 2005
三田村泰助, 『환관-측근 정치의 구조(宦官—側近政治の構造)』, 中央公論新社, 2012
中野京子, 『명화로 보는 합스부르크 가문의 12편의 이야기(名画で読み解くハプスブルク家12の物語)』, 光文社, 2008
仁賀克雄, 『런던의 괴기 전설(ロンドンの怪奇伝説)』, メディアファクトリーダヴィンチ編集部, 2002
仁賀克雄, 『신·런던의 공포-잭 더 리퍼의 범행과 새로운 사실(新・ロンドンの恐怖—切り裂きジャックの犯行と新事実)』, 原書房, 1997
内村俊太, 『16세기 후반 스페인 왕국의 역사편찬(16世紀後半のスペイン王国における歴史編纂)』, 東京外国語大学, 2015
吉田八岑, 『기요틴-처형의 문화사(ギロチン—処刑の文化史)』, 北宋社, 1991
小野理子, 『여제의 러시아(女帝のロシア)』, 岩波書店, 2004
小野理子·山口智子, 『연애편지 여제 예카테리나 2세 발견된 1,162통의 편지(恋文 女帝エカテリーナ二世 発見された千百六十二通の手紙)』, アーティストハウスパブリッシャーズ, 2006
川又一英, 『이반 뇌제-러시아라는 수수께끼(イヴァン雷帝—ロシアという謎)』, 新潮社, 1999
村山吉広, 『양귀비-대당 제국의 영화와 암전(楊貴妃—大唐帝国の栄華と暗転)』, 中央公論社, 1997
江村洋, 『합스부르크가 역사이야기(ハプスブルク家史話)』, 東洋書林, 2004
清水正晴, 『'푸른 수염' 질 드 레의 생애('青髯'ジル・ド・レの生涯)』, 現代書館, 1996
秋山聰, 『성유물 숭배의 심성사-서양 중세 성성과 조형(聖遺物崇敬の心性史 西洋中世の聖性と造形)』, 講談社, 2018
竹下節子, 『노스트라다무스의 생애(ノストラダムスの生涯)』, 朝日新聞社, 1998
竹下節子, 『성녀의 조건-만능 성모 마리아와 불가능의 성녀 리타(聖女の条件—万能の聖母マリアと不可能の聖女リタ)』, 中央公論新社, 2004
長塚隆二, 『나폴레옹 상·하(ナポレオン 上·下)』, 文藝春秋, 1996
阿部謹也, 『하멜른의 피리 부는 사나이(ハーメルンの笛吹き男)』, 筑摩書房, 1988
飛鳥昭雄, 『노스트라다무스-예언자이자 기적의 의사(ノストラダムス—予言者で奇跡の医者)』, 講談社, 1994
高世瑜, 『대당 제국의 여성들(大唐帝国の女性たち)』, 岩波書店, 1999
高山一彦, 『잔 다르크-역사에서 살아남은 '성녀'(ジャンヌ・ダルク—歴史を生き続ける'聖女')』, 岩波書店, 2005
高洪興, 『도설 전족의 역사(図説 纏足の歴史)』, 原書房, 2009